中国农村专业技术协会科技小院联盟丛书

科技小院

助力平和蜜柚产业绿色发展

吴良泉　苏达　刘有　主编

化学工业出版社

·北京·

内容简介

中国农村专业技术协会平和蜜柚科技小院是福建首批授牌的科技小院，坐落在"世界柚乡、中国柚都"的平和县，致力于蜜柚绿色提质增效技术集成创新研究和平和县域农业绿色发展路径探索。在科技小院的推动下，试验区肥料减量达到90%，示范区内肥料减量50%以上，"减肥"增效技术已在平和县进行全面推广。

为了系统总结平和蜜柚科技小院的工作成果，形成可供相关农业院校进行科学研究及社会服务的经验参考，主要参与平和蜜柚科技小院工作的团队师生共同编写了本书，在书中具体阐述了平和蜜柚科技小院助力当地蜜柚产业绿色发展的实践经验。

本书文字简洁，图文并茂，可供从事农业技术推广、"三农"研究、产业绿色发展等方面的研究人员和广大农技推广人员参考。

图书在版编目（CIP）数据

科技小院助力平和蜜柚产业绿色发展/吴良泉，苏达，刘有主编. —北京：化学工业出版社，2022.9（2024.4重印）

（中国农村专业技术协会科技小院联盟丛书）

ISBN 978-7-122-41748-0

Ⅰ.①科…　Ⅱ.①吴…②苏…③刘…　Ⅲ.① 柚-果树业-绿色产业-产业发展-研究-平和县　Ⅳ.① F326.13

中国版本图书馆CIP数据核字（2022）第110554号

责任编辑：李建丽　　　　　　　　　　装帧设计：王晓宇
责任校对：宋　夏

出版发行：化学工业出版社（北京市东城区青年湖南街13号　邮政编码100011）
印　　装：北京建宏印刷有限公司
710mm×1000mm　1/16　印张11　彩插6　字数180千字
2024年4月北京第1版第2次印刷

购书咨询：010-64518888　　　　　　　售后服务：010-64518899
网　　址：http://www.cip.com.cn
凡购买本书，如有缺损质量问题，本社销售中心负责调换。

定　价：69.00元

中国农村专业技术协会
科技小院联盟丛书

编委会

主　任：**张福锁**（科技小院联盟专家委员会主任/中国工程院院士）

副主任：**张建华**（科技小院联盟理事会理事长）

委　员：（按姓氏笔画排序）

科技小院
助力平和蜜柚产业绿色发展

编者名单

主　编：吴良泉　苏　达　刘　有

参　编：（按姓名拼音排序）

曹　振　　陈晓辉　　郭九信　　侯　炜

黄晓曼　　纪宗君　　孔鲲鹏　　雷仁清

林新民　　马昌城　　吴红玉　　许修柱

颜晓军　　杨金昌　　杨文浩　　叶德练

张　浩　　张江周　　张思文　　张卫强

郑朝元　　周慧梅　　庄　哲

　　为了应对我国农业面临的既要保障国家粮食安全，又要提高资源利用效率、保护生态环境等多重挑战，促进农业高质量绿色发展，同时解决科研与生产实践脱节、人才培养与社会需求错位、农技人员远离农民和农村等制约科技创新、成果转化和"三农"发展等问题，2009年，我们带领研究生从校园来到农村，住到了农家小院，与"三农"紧密接触，针对农业关键问题开展科学研究，解决技术难题；科技人员"零距离、零门槛、零费用、零时差"服务农户和生产组织，以实现作物高产和资源高效为目标，致力于引导农民采用高产高效生产技术，实现作物高产、资源高效、环境保护和农民增收四赢，逐步推动农村文化建设、农业经营体制改革和农村生态环境改善，探索现代农业可持续发展之路和乡村振兴途径。逐步形成了以研究生常驻农业生产一线为基本特征，集科技创新、社会服务和人才培养三位一体的"科技小院"模式，收到了良好效果，引起了社会各界关注和积极评价。2021年，中共中央办公厅、国务院办公厅印发了《关于加快推进乡村人才振兴的意见》，科技小院作为"培养农业农村科技推广人才"重要模式写入文件。

中国农村专业技术协会（简称中国农技协）受中国科协直接领导，是党和政府联系农业、农村专业技术研究、科学普及、技术推广的科技工作者、科技致富带头人的桥梁和纽带；是紧密联系团结科技工作者、农技协工作者和广大农民，深入开展精准科技推广和科普服务，积极推动农民科学素质的整体提升，引领农业产业发展，服务乡村振兴的重要力量。为了更好地发挥高校和科研院所科技工作者服务三农的作用，2018年中国农技协成立了科技小院联盟。它是由全国涉农院校、科研院所和各省农技协在自愿的基础上共同组建的非营利性联盟组织。联盟以中共中央办公厅、国务院办公厅印发的《关于创新体制机制推进农业绿色发展的意见》《中共中央　国务院关于实施乡村振兴战略的意见》《乡村振兴战略规划（2018—2022年）》《中共中央　国务院关于加快推进生态文明建设的意见》为指导，以"平等互利、优势互补、融合创新、开放共赢"为原则，整合涉农高校、科研院所、企业和地方政府等社会优质资源，加快体制机制创新，构建"政产学研用"紧密结合推动农业绿色发展和乡村振兴的新模式，全面服务于国家创新驱动发展战略和三农发展，在服务农业增效、农民增收、农村绿色发展的进程中发挥重要作用。科技小院联盟成立以来，在中国科协的组织领导下，一批涉农高校研究生驻扎到三农一线，充分调动了专家导师、科技人员（研究生）和当地政府、农技协、农业企业、农民专业合作社、农民群众的积极性，实现零距离科技对接，零时差指导解决，零门槛普惠服务，零费用培训推广，对推动农业产业发展效果显著。

目前，中国农技协科技小院联盟分别在四川省、福建省、江西省、广西壮族自治区、河北省、江苏省和内蒙古自治区等地建立了40多个科技小院，已有中国农业大学、四川农业大学、福建农林大学、江西农业大学、内蒙古农业大学、广西大学等学校派出的一批研究生入住科技小院，有关省和自治区的研究院所的科技专家以及各级科协组织也积极参与到科技小院的共建之中，强化了对科技小院依托单位的科技支撑，显著促进了产业发展和科学普及。

中国农技协科技小院建设创新了农技协的组织模式，增强了农技协的凝聚力，提高了农技协的服务能力，提升了农技协的组织力和社会影响力，成为科协组织服务乡村振兴的有力抓手，展现出科技小院汇集各方科技力量、助推农业产业发展、促进乡村振兴的巨大潜力。为了及时总结交流中国农技协科技小院联盟在科技创新、技术应用、人才培养和科普宣传等方面取得的进展和成果，更好地服务农业产业发展和乡村振兴，中国农技协决定组织出版"中国农村专业技术协会科技小院联盟丛书"。相信该丛书的出版会激励和鼓舞一大批有志青年投身"三农"，推动农业产业发展和乡村振兴。

最后谨代表丛书编委会全体成员对关心和支持丛书编写和出版的所有同志们致以衷心的感谢。

中国工程院院士

中国农业大学教授

前　言

　　福建科技小院由福建省科协牵头，联合福建农林大学、福建省农科院、福建省农技协等共同创建，是集农业科技创新、农业技术服务、农村科学普及、人才培养培训于一体的服务"三农"和乡村振兴的新模式。福建农林大学和福建省科协、福建省农技协多次邀请张福锁院士及其团队师生到校宣讲、交流科技小院与人才培养工作经验，中国农村专业技术协会柯炳生理事长，中国农技协常务副理事长、中国科协农技中心主任师铎，中国农技协副理事长张建华，中国农技协秘书长、中国农技中心副主任王诚等多次到福建调研指导科技小院建设工作，福建省于2019年、2020年和2021年先后建立了22家科技小院，并成立了福建省科技小院联盟。福建农林大学新农村发展研究院、研究生院、资源与环境学院、农学院、园艺学院、食品科学学院、动物科学学院（蜂学学院）等相关学院领导专家高度重视，研究生院设立科技小院研究生专项招生指标，各学院全方位推进科技小院工作，组织专家导师团队，先后派出百余名专家导师指导，154名研究生入驻科技小院。福建科技小院成立以来，在助力产业发展、培养培训人才等方面取得了良好效果。

　　中国农村专业技术协会福建平和蜜柚科技小院（以下简称平和蜜柚科技小院）坐落在"世界柚乡、中国柚都"的平和县，是福建省首批授牌的科技小院之一，也是由张福锁院士亲自指导组建的科技小院，致力于蜜柚绿色提质增效技术集成创新研究和平和县域农业绿色发展路径探索。在科技小院的推动下，试验区肥料减量达到90%，示范区内肥料减量50%以上，减肥增效技术已在平和县进行全面推广，平和蜜柚科技小院连续两年获得了中国农技协"十佳科技小院"，受到央视二套"经济半小时"、央视十七套"三农群英会"等栏目专访报道。平和蜜柚科技小院成立之前，福建农林大学国际镁营养研究所团队在张福锁院士的指导下于2016年开始在平和开展农户调查、土壤调查和专用肥试验示范等相关研究工作，这为科技小院的顺利成立打下了良好基础。因此，为了全面系统地介绍科技小院的做法和经验，本书涵盖了2016年以来开展的各项工作。

全书共分为5章。第一章介绍了平和蜜柚科技小院的建立与运行；第二章系统分析了平和蜜柚产业面临的痛点问题，以及科技小院针对这些问题开展的"减肥"增效、镁肥提质、土壤改良、优化施肥位置和果园覆草等技术创新与集成工作，同时还探索了水肥一体化、基质限根栽培、一次性施肥技术等系列新技术；第三章描述了科技小院通过与政府和企业合力组织系列技术培训、田间观摩等活动，并在疫情期间组织了系列助力春耕和志愿服务等活动；第四章记录了驻扎科技小院的青年学子"知行合一"，从科研创新、生活挑战、志愿服务及创业活动的历练中变成"一专多能"的全能手的过程；第五章回顾了专家学者对科技小院的调研指导，科技小院受到的部分媒体报道等。

全书由吴良泉、苏达和刘有负责组稿、统稿、稿件审阅、照片搜集整理等工作。具体编写分工：第一章由吴良泉、张江周、吴红玉和杨金昌编写；第二章由杨文浩、苏达、郑朝元、叶德练、吴良泉、张浩、许修柱、张思文、颜晓军、马昌城、张卫强、黄晓曼、侯炜、纪宗君、刘有、曹振和杨金昌编写；第三章由吴良泉、叶德练、苏达、马昌城、周慧梅、刘有和庄哲编写；第四章由郑朝元、苏达、吴良泉、孔鲲鹏和雷仁清编写；第五章由吴良泉、郑朝元、叶德练、张浩、雷仁清、周慧梅和孔鲲鹏编写。此外，郑朝元、叶德练等在科技小院的组建和运行中做了大量工作，郑朝元、杨文浩、苏达、叶德练、郭九信和陈晓辉等在开展蜜柚绿色技术研究和科技创新方面提供了有力支撑，吴红玉在本书核校、资料汇总等方面做了大量工作。感谢张福锁院士、李晓林教授、李春俭教授对书稿的审阅并提出宝贵的修改意见。

平和蜜柚科技小院的成长与取得的成绩，离不开中国科学技术协会、中国农村专业技术协会、福建省科学技术协会、福建省农村专业技术协会、中国农业大学、福建农林大学、平和县委县政府、平和县科协、平和县农业农村局、五星村村民委员会及各界人士长期的关心和支持。谨致以真挚感谢！本书得以出版，要感谢中国农村专业技术协会的大力支持，感谢张福锁院士、李晓林教授、李春俭教授、郭世伟教授、李学贤教授等专家老师对平和蜜柚科技小院工作的指导，感谢驻扎在平和蜜柚科技小院师生们的辛勤付出，感谢化学工业出版社的帮助与支持，感谢中国农村专业技术协会、福建省科学技术协会、德国钾盐集团、云南云天化股份有限公司、新洋丰农业科技股份有限公司、厦门江平生物基质技术股份有限公司和中国工程院院地合作项目（2020-FJ-XZ-8）等提供经费支持。由于编者水平有限，书中难免有疏漏之处，恳请读者批评指正！

编者

2022 年 3 月

目录

第三章
科技助力　谱发展新篇　　　　　　　　　　　　**/45**

附录 /123

参考文献 /156

第一章

追寻初心　从基层出发

科技小院是建立在农业生产一线，集农业科技创新、示范推广和人才培养于一体的综合服务平台。科技小院通过研究生与科技人员常驻农业一线，紧密接触三农，开展农业科学研究，"零距离、零门槛、零费用、零时差"服务于农户及生产组织，促进与农业生产需求结合紧密的科技成果更快地转化为现实生产力，以实现作物高产、资源高效和农民增收，推动农村文化建设和农业经营体制变革，探索农业绿色可持续发展之路。

一、平和蜜柚科技小院的建立

2019年6月12日，中国科学技术协会（以下简称中国科协）、中国农村专业技术协会（以下简称中国农技协）主导，依托平和县科协和平和县坂仔镇五星村村委会，由福建省科学技术协会、福建农林大学、国际镁营养研究所、福建省农业科学院、福建省农村专业技术协会、漳州市科学技术协会和中国农业大学共同组建了——中国农村专业技术协会福建平和蜜柚科技小院（以下简称平和蜜柚科技小院）。

平和蜜柚科技小院是中国农技协在福建省成立的首批5家科技小院之一，也是全国蜜柚产业首个科技小院。平和县科协和五星村村委会给科技小院提供了房间、空调、被褥等实验、生活所需。县委组织部为了方便研究生们往来县城开展工作，提供了两套人才公寓方便住宿。县农业农村局实验室免费全面开放给科技小院研究生使用，极大地方便了科研和科普工作的开展。在科技小院驻地五星村村部（图1.1），实验区和生活区规划合理，样品处理室、储藏室、研究生宿舍、厨房等一应俱全。

2019年6月14日，对平和蜜柚科技小院来说是一个里程碑的日子，平和蜜柚科技小院揭牌仪式在平和县坂仔镇五星村举行。中国农技协理事长柯炳生、中国农技协常务副理事长师铎、福建省农技协理事长吴瑞建、平

图 1.1　五星村村部

和县原县委书记郭德志共同为平和蜜柚科技小院揭牌（图1.2），中国农技协平和蜜柚科技小院正式挂牌（图1.3）。揭牌仪式上，中国农技协柯炳生理事长深切叮嘱平和蜜柚科技小院青年师生，要以平和蜜柚科技小院为依托，发现、研究、解决产业问题，积极融合各方力量，促进蜜柚产业可持续发展，助力乡村振兴，力争把平和蜜柚科技小院建成全国的蜜柚科技研究院，彰显平和县蜜柚产业地位。

图 1.2　中国农技协平和蜜柚科技小院揭牌仪式（附彩图）

（左起福建省农技协理事长吴瑞建、中国农技协理事长柯炳生、
中国农技协常务副理事长师铎、平和县原县委书记郭德志共同为科技小院揭牌）

图 1.3　中国农技协平和蜜柚科技小院正式挂牌（附彩图）

中国农技协理事长柯炳生，中国农技协常务副理事长师铎，中国农技协副理事长张建华，中国农技协秘书长李晓林，福建省农技协理事长吴瑞建，福建农林大学郑宝东副校长、汪世华处长（时任福建省科协副主席、福建农林大学研究生院常务副院长）、陈月霄部长（时任福建农林大学资源与环境学院书记）、根系生物学研究中心主任廖红教授、资源与环境学院童庆满书记和周顺桂院长、福建农林大学新农村发展研究院副院长朱朝枝等领导始终关心、关怀着平和蜜柚科技小院的发展，呵护着学生们的成长，在平和蜜柚科技小院组织、建设、工作开展等方方面面给予了巨大的帮助，各级领导、专家多次到平和蜜柚科技小院指导工作，推动平和蜜柚科技小院建设与发展。

平和县委、县政府领导多次到科技小院慰问平和蜜柚科技小院师生，指导平和蜜柚科技小院建设，关心常驻学生们的生活。县委组织部部长王毅伟、县科协党组书记黄洪河、原主席赖艺玲和现主席赖警苗等领导每逢年节之际都会到平和蜜柚科技小院关心慰问研究生们，让平和蜜柚科技小院学生感受来自异乡的温暖。

二、平和蜜柚科技小院组织运行与人才培养

平和蜜柚科技小院隶属于中国农村专业技术协会科技小院联盟，由福建省科协、福建农林大学、福建省农业科学院、福建省农村专业技术协会、漳州市科协和中国农业大学共建，平和县坂仔镇五星村村委会和平和县科协为依托单位，具有完善的组织框架（图1.4）。遵循"科协领导、院校实施、教师指导、学生常驻、多方支持"的原则。人员组成包括高校师生和当地科协人员、科研人员等。福建农林大学和中国农业大学的人员包括老师和学生，教师主要指导开展相关研究，学生长期驻扎科技小院进行科学试验和技术推广并及时反馈生产问题。

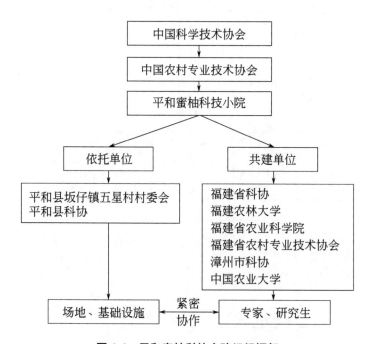

图 1.4　平和蜜柚科技小院组织框架

平和蜜柚科技小院，联合政府、企业和柚农，开展紧密合作，坚持科技小院"零距离、零时差、零费用、零门槛"的服务原则，通过长期驻扎生产一线，开展蜜柚绿色提质增效技术集成和系统性创新研究，进行科技服务和示范推广工作，探索平和县域农业绿色发展路径。科技小院具体运行模式见图1.5：政府从政策、经费、相关成果和科研条件给予科技小院支持，企业从资金、产品等条件给予小院支持；共建高校、科研院所、科协等派出专家指导科研开展和技术推广工作，高校派出研究生驻扎生产一线对亟须解决的问题进行研究探索并及时反馈生产问题和需求；通过试验示范基地、农民培训、媒体宣传等途径将技术落实到农民、种植企业、公益组织等，以推动蜜柚绿色提质增效技术大面积推广应用，实现人才培养、技术集成、产品创新、科学普及与社会服务。

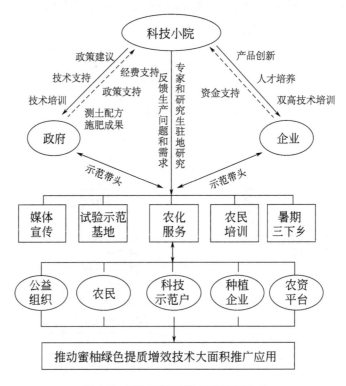

图1.5 平和蜜柚科技小院运行模式

三、平和蜜柚科技小院主要工作

平和蜜柚科技小院全面贯彻并严格执行中国科协科技小院在生产一线开展科学研究、人才培养和科普培训的总体要求，现有十余名指导专家，近30名研究生入驻科技小院开展工作。其中13名研究生长期驻扎生产一线，多位专家老师参与指导试验的进行，定期参加研究生的培养工作（图1.6）。

图1.6　专家老师指导科技小院学生工作（左）、国际镁营养研究所常务副所长李春俭教授指导研究生开展试验（右）（附彩图）

科学研究：平和蜜柚科技小院研究生长期驻扎科技小院，并向当地种植能手学习蜜柚栽培管理技术，跟踪蜜柚生长的各个阶段，掌握了蜜柚的生长规律和管理技术，并通过老师、专家指导，针对生产中的不同问题设计不同的试验，建立长期定位示范基地，在生产一线引进测土配方施肥、养分管理、土壤酸化改良、镁肥综合管理和生草覆盖等绿色种植管理技术，从地下部分的土壤、根系和微生物，到地上部分的营养生理、产量和品质形成规律，再到技术创新与集成及产品开发，全方位开展科学研究，形成了一套蜜柚绿色提质增效技术。

人才培养：平和蜜柚科技小院的人才培养涉及的方面比较多，包括高校研究生的培养、农技人员的培养、研究人员的培养、种植企业员工的培养、农资平台人员的培养和农民的培养等。

科普培训：平和蜜柚科技小院依据研究结果开展蜜柚绿色提质增效技术科普工作，将科研成果转化为农民看得懂、学得来的语言和技术，通过科技长廊、宣传手册、农民培训会与示范田观摩会等形式进行科普推广，打通科学技术落地的最后一公里。

四、平和蜜柚科技小院人才培养模式

平和蜜柚科技小院人才培养模式见图1.7：研究生通过长期驻扎生产一线学习、开展试验、组织观摩会与培训、撰写论文和日志等提升科研能力、组织能力、团队协作能力和表达能力。研究人员、农资平台人员、农技人员、种植企业人员和农民通过田间观摩会和技术培训会了解蜜柚规范管理规程和技术原理。

平和蜜柚科技小院研究生综合能力培养：① 通过驻扎基地，了解生产中的实际问题，并从专业角度进行思考，通过导师、专家指导与文献查阅，提出科学问题；并通过田间试验和技术优化提出解决实际问题的合理方案，提高科研能力；② 通过组织田间观摩活动和技术培训提高组织能力、团队协作能力以及语言表达能力；③ 通过定期汇报进展与接待调研、参观人员提高语言表达能力；④ 通过撰写日志、学术文章和毕业论文提高文字组织与表达能力。

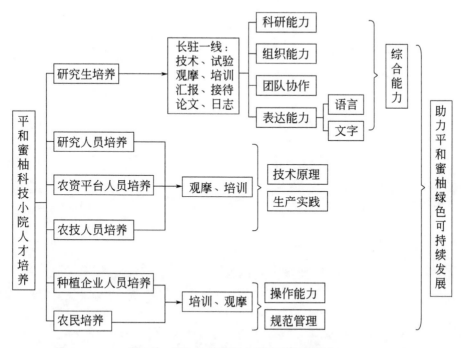

图 1.7　平和蜜柚科技小院人才培养模式

　　研究人员、农资平台人员和农技人员通过到科技小院进行调研走访、参加田间观摩会、培训会等掌握蜜柚提质增效的技术原理，同时更多地了解生产实践，进而更好地服务于生产实践。种植企业人员和农民通过技术手册学习、参加培训会和田间观摩会，掌握规范化管理，提高田间操作能力。

第二章

感悟变迁　奋进新时代

一、忆往昔，平和蜜柚"峥嵘岁月"

（一）平和概况

平和县地处漳州西南，位于厦门、汕头两个经济特区之间，是潮汕文化与闽南文化的汇合处，与闽粤两省八县毗邻，素有"八县通衢"之称。平和古为扬州之域，周为七闽之地，于明正德十三年（1518年）置县，取"寇平而人和"之意，是福建省重点侨乡之一，也是台胞的重要祖籍地。全县地理坐标为北纬24°02′～24°35′，东经116°54′～117°31′，全境面积2309.57平方公里，下辖17个乡镇（场、区）、240个行政村、16个社区居委会、12个作业区，2571个自然村。

平和县地形由南岭山脉东西向复式构造带与新华夏系第二复式隆起带这两个巨型构造体系经多次地壳运动共同形成，全县地形为以北东向褶皱为主干、多组断裂交织一起的网格状断裂构造格局。县境内群峦叠嶂，山清水秀，全县森林覆盖率达69%。大芹山和双尖山纵贯南北，将全县分为东南、西北两大部分，地势中部、西部高，向东南和西北倾斜。主要有中山、低山和丘陵等3个地貌类型，以丘陵地为主。其中海拔1544.8米的九峰镇大芹山，是漳州市最高峰；工业园区的黄井村海拔20米，则是全县最低点。

南亚热带海洋性季风气候与中亚热带潮湿气候共同造就了平和县的光温水热资源，县域内光热资源丰富，雨量充沛，终年温暖湿润。平和县耕地总面积36万亩❶，总农用地面积约110万亩。人均占有耕地0.63亩，农业人口人均占有耕地0.81亩。平和县位于九龙江、韩江两大水系上游，是

---

❶ 亩是中国市制土地面积单位，1亩大约为667平方米，15亩等于1公顷。

九龙江西溪、云霄漳江、漳浦鹿溪、诏安东溪、平和芦溪等五大江河的源头，素有"漳州水塔"之美誉。

改革开放以来，平和县工业、服务业、旅游业等均取得了长足的进步和发展。与此同时，拥有悠久生产历史的农业，作为第一产业在平和政府的大力支持下，拥有了琯溪蜜柚、坂仔香蕉和白芽奇兰茶等绿色农产品品牌。平和县农业产业化已经走在全省前列，被命名为"中国蜜柚之乡""中国香蕉之乡""中国白芽奇兰茶之乡"，先后被授予"全国无公害水果生产示范县""全国经济林示范县"和"全国科技先进县"等称号。

目前，平和全县蜜柚种植面积达70余万亩，年产量可达130多万吨，销售范围几乎覆盖全球。其种植面积、产量、出口量均居全国第一位，是我国最大的柚类生产基地，与蜜柚直接相关的产业产值年均50亿元，延伸产业产值年均50亿元，平和亦被誉为"世界柚乡、中国柚都"。

（二）蜜柚产业现状

琯溪蜜柚果皮色泽橙黄鲜艳，芳香浓郁，果大皮薄，瓤肉无籽、色洁白如玉，耐储存；其果肉味道酸甜，略带苦味，每100毫升果汁含全糖9.17～9.86克，可滴定酸0.734～1.011克，维生素C 48.93～51.98毫克，亦富含维生素、磷、钾、天然叶酸等十多种人体所必需的营养物质，其中镁、钙、铜含量优于其他水果中的含量，具有调节人体新陈代谢之功用，又有祛痰润肺、消食醒酒、降火利尿等作用，是医学界公认的最具食疗效益的水果之一，为广大消费者所青睐。

20世纪80年代平和政府开始鼓励全县机关、企事业单位、基层干部和民众开发种植琯溪蜜柚。经过一次次大胆而艰辛的尝试，一些先进人士和积极农民掌握了关键种植技术并带动琯溪蜜柚在全县各个乡镇大规模推广种植。从20世纪90年代开始，平和县逐步扩大种植规模，大量的水稻田改种蜜柚，蜜柚种植面积快速增长。

1988年琯溪蜜柚被列为国家星火计划项目和农业部丰收计划项目；1989年琯溪蜜柚被农业部授予全国优质农产品称号；1996年，获得中国绿色食品标志使用权；1999年，获得中国国际农业博览会"名牌产品"证书；2002年7月，国家质检总局批准对"琯溪蜜柚"实施地理标志产品保护；2019年，平和县被农业农村部列为农业绿色发展先行先试建设试点县。

琯溪蜜柚经济效益较高，蜜柚产业已成为平和县支柱产业，是当地农民脱贫致富的主要经济来源，1980～2015年蜜柚单产、种植面积、总产量呈现持续增加趋势，种植面积由600亩增加到70万亩；总产量由11吨增加到130万吨；尤其是1990年以来，琯溪蜜柚在平和的种植面积和产量迅速提高。经过三十多年的发展，如今平和县已成为我国最大的柚类生产基地。

蜜柚产业飞速发展依赖化学肥料的大量施用，随着蜜柚种植面积的增长，蜜柚的肥料投入量也迅速增加。1980～2015年，平和县氮肥、钾肥、磷肥和复合肥的总投入量由1.2万吨增加到11.4万吨，增长了8.5倍。其中：1980～1990年，肥料用量低且增长缓慢；1990～2005年，肥料用量从2万吨增加到11万吨，增长迅速，复合肥、钾肥的用量增长尤其快；2005～2015年，肥料用量高，基本上每年都在10万吨以上。

蜜柚产业传统发展模式在带来巨大经济效益的同时，不可避免地造成了巨大的环境压力。过量施肥使土壤严重酸化，而酸化会引起中微量元素的有效性下降和淋失，不但影响蜜柚果实品质还会造成水体污染。蜜柚产业的协调发展与生态环境建设影响着平和县农业的可持续发展和人民生活的幸福与健康。

党的十八大以来，生态文明建设被提到了前所未有的高度，生态文明建设、产业绿色发展关乎民生福祉，绿水青山就是金山银山。新时代中国特色社会主义的发展，既要创造更多物质财富和精神财富，以满足人民日益增长的美好生活需要，也要提供更多优质生态产品以满足人民日益增长的优美生态环境需要。生态文明建设需要推进绿色发展，绿色发展是经济发展方式、科技创新、产业变革的方向。在新时期，如何实现蜜柚产业绿色发展是当前蜜柚产业转型发展所面临的重要命题。

（三）蜜柚全产业链上的"沟沟坎坎"

琯溪蜜柚的推广种植带动了农资产销、果品储藏、运输、营销和旅游等服务行业的迅速发展，形成了环环相扣的产业链。产前，规模巨大的蜜柚种植业吸收众多国内外知名农资企业、厂家和经销商齐聚平和县，为当地柚农提供种类相对丰富、价格相对优惠的农资产品；产中，当地农户种植蜜柚多年，具有较成熟的生产管理经验，能熟练做好施肥打药、环割修剪等各项农事操作；产后，琯溪蜜柚果实相对耐仓储、运输，销售半径大。

随着生产规模的日益扩大，蜜柚产业问题逐渐突显，对蜜柚全产业链现状和问题进行深入剖析，找准产前、产中、产后各阶段的发展瓶颈，对蜜柚产业绿色发展至关重要。

（1）产前问题

立地条件不佳：平和主要以山地为主，过去30多年的连续开发使得山地开发率达50%以上。山地过度开发造成了水土流失加剧、土壤肥力降低、农业面源污染严重等问题。山区丘陵地区灌溉条件差，特别是近年经常出现季节性干旱，加剧蜜柚果肉粒化风险，严重影响蜜柚品质的提升。

品种结构单一：目前，全县主栽琯溪蜜柚品种以白肉、红肉、三红蜜柚为主，约占种植面积的80%，黄金柚比例不到20%，品种开发空间大。蜜柚品种单一，成熟期相近，上市时间集中，会造成特定时间段内蜜柚市场供求关系失衡，加上丰产时相互压价，果农获利较低；如出现灾害造成蜜柚减产，则可能引发全县性收入减少，抗风险能力较弱。

农资产品和需求不匹配：平和县蜜柚果园土壤磷、钾含量较为丰富，而土壤酸化严重，普遍缺乏钙和镁。当地肥料多以15-15-15（氮-磷-钾含量）平衡型复合肥为主，蜜柚专用肥少，无法实现肥料-土壤-植株的精准匹配。

（2）产中问题

施肥不合理的问题较为突出：调研结果显示，平和琯溪蜜柚每年每株化肥用量位居全国柑橘主产县第1位，化肥施用量远远超过专家推荐量，过量施用化肥现象普遍存在。过量施肥不仅导致了土壤的持续酸化、重金属活性提高、土壤微生物多样性下降，而且降低了肥料利用率，增加了病虫害风险，限制了果实品质的提升。

机械化程度低、生产管理成本高：目前，蜜柚多为小农户经营，难以连片统一管理，采收方式以人工采摘为主，远离路边的果园和山地果园的采收运输难度高，耗时耗力，同时蜜柚轨道运输等机械化程度不高，提高了管理成本。近年来，农村劳动力急剧减少，劳动力成本持续增加，采果、喷药、包装、装车工价高达300～400元/（人·天），农忙时节经常一工难求。此外，肥料和农药等农资成本也居高不下，这些都严重限制了产业竞争力的提高。

（3）产后问题

仓储粗放、次生问题多：农户常常是统一采收、集中堆放，难以分类、分级储存，堆放储存不当很容易造成柚果腐烂变质。同时，蜜柚贮藏中，受仓储前采收期、仓储温度、水分、细胞壁物质代谢等因素影响，储存期间容易出现果实粒化现象，严重影响其食用品质和商品价值。

深加工发展不足：柚子综合利用价值高，其果皮、果肉以及果渣均可开发利用，但目前只有少部分用于加工，高附加值的深加工产品少。存在蜜柚产品深加工产业发展较为滞后，总体规模较小，缺乏龙头企业，深加工技术不足，市场占有率不高等问题。

销售竞争压力大、品牌意识不强：目前，蜜柚已经在福建、海南、广西、广东、湖南、湖北、四川、重庆、云贵、江苏、浙江等省、市推广开来，外地与平和本地蜜柚市场形成激烈竞争。而且，海南和广州、广东的蜜柚上市时间较早，这对平和蜜柚销售造成了巨大的冲击。尽管平和县已将"平和琯溪蜜柚"成功打造成中国驰名商标和名牌农产品，但是真正质量过硬、底气够足的企业品牌还比较缺乏，难以在与其他地区生产的蜜柚竞争中脱颖而出。

综上所述，琯溪蜜柚产前、产中和产后均存在较多的限制，产业亟须升级转型。如何通过树立品牌，强化深加工，拉动蜜柚需求，缓解销售竞争压力显得尤为重要和迫切；如何匹配农资产品与需求，改进施肥技术和栽培管理，提高机械化水平，实现省工省力、节本增收，补齐立地条件和品种单一短板，均需要深入研究。

（四）蜜柚提质增效路上的"绊脚石"

（1）平和蜜柚产区施肥现状

施肥是蜜柚种植管理的重要技术之一。为了追求蜜柚高产量，蜜柚生产中长期存在偏重化肥，而有机肥推广和使用不足等问题。有文献表明，福建化肥施用量位居全国柑橘主产区第1位，其中柚类的氮肥（N）、磷肥（P_2O_5）、钾肥（K_2O）施用量最高，每公顷分别为1110千克、871千克、936千克（雷靖等，2019）。

农民仍然存在着多投入多产出的观念，蜜柚过冬和定果期施用大量化肥，并在春季发芽期、果实膨大期、采果后期追肥时撒施化肥，有的农户每年每棵蜜柚树施用化肥（主要是氮、磷、钾三元素复合肥）甚至达到10千克，多数农户在6～8千克。通过数据调研发现，平和蜜柚平均每年每公顷施用氮肥（N）、磷肥（P_2O_5）、钾肥（K_2O）分别为1084千克、914千克和906千克，其中氮肥投入量远远高出国际上其他柑橘优势产区的推荐用量，是美国、西班牙、巴西和以色列等柑橘优势产区的5～6倍，然而，氮肥偏生产力远低于国际水平，仅为美国佛罗里达州的七分之一（表2.1）。

表2.1　平和县蜜柚与国际柑橘优势产区氮肥施用量比较

国家/区域	样本数	氮肥投入/（千克/公顷）	产量/（吨/公顷）	氮肥偏生产力/（千克/千克）
美国	334	209	59	349
西班牙	12	240	48	202
巴西	16	180	49	360
以色列	40	158	56	361
平和蜜柚	362	1084	55	46

（2）平和蜜柚产区土壤养分状况

蜜柚生产上过量施用化肥的现象极为普遍，常年大量的肥料投入导致平和县土壤速效养分含量有较大提升。对平和县10个乡镇319个果园土壤样品进行分析发现：① 平和县土壤中磷、钾和硫等元素含量丰富，特别是磷和硫富集现象比较严重，磷和硫元素处于高量水平的比例分别超过80%和90%，因此生产中应当减少含磷硫肥料的投入；② 平和县多数蜜柚果园土壤钙镁含量低，存在缺乏现象，超过70%的果园土壤交换性镁低于适宜范围，超过60%的果园存在土壤交换性钙缺乏的现象。平和县土壤养分呈现出磷硫过量累积，而钙镁硼等元素普遍缺乏的现象。

另外测定还发现平和县土壤酸化严重，超过90%的果园表层土壤样品pH值较低。一般认为，土壤钙镁的有效性与土壤pH存在相关性，土壤交换性钙镁的含量随着土壤pH提高而增加。随着土壤pH值降低，氢离子和盐基离子在土壤胶体吸附竞争增强，可溶性镁浓度呈数量级的增长，释放出的交换性钙镁在酸性条件下遭到淋洗而导致流失，引起交换性钙镁的储量降低。另外，土壤酸化还会活化土壤重金属元素，导致土壤可溶性铜和锰等浓度升高。

（3）平和蜜柚产区过量施肥对水体环境的影响

在农业生产过程中，农民为了追求高产通常施用高于推荐施肥水平的肥料，导致土壤中大量氮、磷元素过剩和积累，大部分未被利用的氮、磷被广泛分散到环境中，进而对周围环境，特别是水体产生不良影响。施肥对水体的污染主要由肥料中的营养元素（特别是氮磷营养）随降水和土壤水分运动进入水域造成。大量施用化学肥料是农作物种植区域水体污染的主要原因。过量施肥会使地下水中硝酸盐与亚硝酸盐含量升高，造成水质变差，水体质量下降，影响水质安全，甚至造成富营养化。高肥投入造成了潜在的水体富营养化，水体富营养化导致水生植物如某些藻类过量增长，其死亡以后腐烂分解，耗去水中的溶解氧，进一步污染水体，使水体脱氧，引起鱼、虾、贝大量窒息死亡产生恶臭，失去饮用价值，甚至不能用于农田灌溉。

农业生产导致的面源污染已经成为水质恶化的主要原因。国外一项农业试验结果显示，施用化肥的农田对该流域内河流氮素的贡献率超过69%。在太湖地区，汛期时不同类型农田沟渠水中，果木类作物沟渠水中的总氮含量达到了18.81毫克/千克（张继宗等，2009）。另外，有研究表明，在果园种植体系的氮素盈余量超过500千克/公顷，会导致土壤硝态氮淋失明显增加（卢树昌等，2008）。加强水体污染防治，确保农产品产地环境安全，不仅是提高农产品质量、提升农村环境品质的有效途径和根本措施，也是做好当前农业生态环境保护、加快发展绿色生态农业的重要任务。

蜜柚生产过程中常施用大量化肥、农药来保障高产，加之平和县年降水量大，存在面源污染风险，特别是平和县地处九龙江、韩江、漳江水系上游，流域的水质安全直接影响下游人民群众的身体健康。因此，蜜柚生产过程中应注重控制面源污染，通过蜜柚养分综合管理技术，从源头减少化肥、农药使用量，并加强对柚园周边水体环境的监测和保护。

（4）平和蜜柚产区过量施肥对碳排放的影响

农业生产是重要的碳排放源之一，其中肥料是碳排放的主要来源，化肥用量的不断增加将会加剧温室气体的排放，尤其是氮肥的施用。施入农田的氮肥除了被作物吸收利用外，会有一些以氨挥发的方式进入大气，既造成资源的浪费，又形成雾霾，毒害植物生长、危害人体健康。进入大气的气态氨一部分与空气中的酸性物质反应，经干湿沉降落到地表土壤和江河湖泊中，造成土壤酸化和水体富营养化；一部分被氧化生成NO（一氧化氮）和N_2O（氧化亚氮），N_2O可在大气中滞留150年左右，其增温作用分别是同等体积CH_4（甲烷）和CO_2（二氧化碳）的12倍和296倍，会引发温室效应。蜜柚生产过程中化肥、农药、能源消耗以及土壤翻耕过程中直接或间接导致的碳排放如图2.1所示。

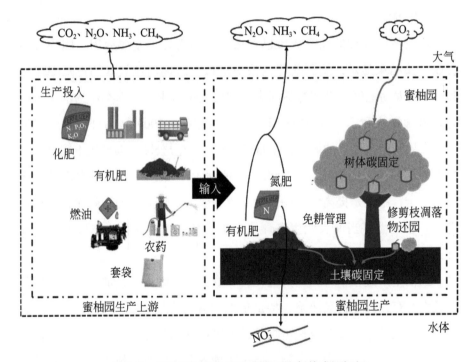

图2.1　平和县蜜柚生产过程中温室气体来源解析

长期过量施肥导致平和蜜柚产区单位面积碳排放高达16.5吨CO_2 eq/hm^2（每公顷二氧化碳当量），远远超出国际上其他柑橘产区的2.6吨CO_2 eq/hm^2，也远高于国际上其他水果单位面积碳排放：苹果3.2吨CO_2 eq/hm^2，桃4.1

吨 CO_2 eq/hm² 和香蕉 6.2 吨 CO_2 eq/hm²。其中，氮肥的投入对碳排放的贡献最大，其次是磷肥、套袋和农药投入。因此，合理减少氮肥、磷肥的投入，是实现平和蜜柚高产低排的关键举措。

（5）平和蜜柚产区过量施肥对土壤的影响

过量施肥会加速土壤酸化进程。土壤酸化是指土壤中交换性盐基离子减少、交换性酸逐渐增加的一个过程。自然条件下，土壤的酸化速度非常缓慢，但近50年来由于人为活动所导致的气候变化和土地利用方式改变，如酸沉降和不合理施用氮肥已经打破了这个平衡，土壤酸化的进程大大加速。过量的化肥投入是导致土壤酸化的重要因素。有研究表明，农田氮肥的投入量与其酸化速率呈显著正相关。当向土壤中施入硫酸铵、氯化铵等生理酸性肥料，植物大量吸收氨态氮的同时，为了维持细胞电荷平衡会从根系向土壤中分泌大量的氢离子，导致土壤中氢离子增多，加剧土壤酸化。此外 NH_4^+（铵根离子）在土壤中的硝化反应产生的氢离子，也是其原因之一。另外硝酸盐、硫酸盐等酸根淋洗过程中也会带走大量的盐基离子，导致土壤酸化。最近的研究还发现，磷素的长期投入也可能会加剧土壤酸化（Mao等，2017）。近年来，平和县蜜柚种植面积、年产量以及总产值均呈上升趋势，伴随着蜜柚产业的快速发展，平和县土壤呈现严重的酸化现象。通过数据调研，平和柚园土壤pH值在近30年下降了0.7个单位，且蜜柚果园土壤pH值小于4.5（达强酸性）的样点占比超过80%。对平和县柚园300多份土壤样品进行分析结果显示，高达90%的土壤样品pH值低于蜜柚适宜生长的pH值范围（pH5.5～6.5）。

土壤酸化会对土壤环境以及果树生长产生不利影响。酸化使得土壤中氢离子浓度迅速增加，氢离子会与土壤中的阳离子竞争交换位，从而导致钙、镁、钾等离子大量淋失。土壤pH降低也会导致某些重金属离子的迁移速率增大，对整个食物链系统造成巨大的威胁。除此以外，土壤酸化还会导致植物的铝毒和锰毒现象。一般而言，在土壤pH≤5.5时，土壤溶液中的铝主要以可溶性铝存在，植物根尖部位的生长会受到铝毒的抑制；且当土壤中交换性铝的饱和度达20%～80%时，会降低土壤中营养元素（如钙、镁、钾、磷等）的含量，从而降低果树对养分元素的吸收。

过量施用化肥使得土壤中的有机质含量下降、土壤缓冲能力降低，土壤中大量的营养元素被淋失，从而导致土壤地力下降。另外，过量施肥会造成土质黏重、土壤透气性差、土壤板结，引发根系缺氧，易发生真菌、细菌性根部病害（隋秀奇等，2011），加剧土传病害的发生。

二、看今朝，科技小院"见招拆招"

平和蜜柚科技小院以平和蜜柚生产中存在的化肥投入过量所导致的土壤健康问题、蜜柚品质下降以及产品竞争力减弱等问题，以产业需求为导向进行"靶向"研究，以蜜柚树为中心，从地下（根系空间分布、根系吸收养分规律、土壤微生物多样性、土壤养分吸收及淋洗特征、土壤镁营养特性），到地上（营养器官养分吸收特征、养分运输、修剪管理、果实负载量），再到果实（果实形成和发育特性、品质调控措施、功能性成分分析、果实风味）等多维度进行了系统研究。

（一）减肥增效

随着蜜柚种植面积逐年扩增和过量化学肥料的投入，蜜柚产业及生态环境面临着新的挑战。蜜柚种植体系中面临着肥料利用率低、土壤酸化、土壤肥力下降、果实品质下降、增产潜力减弱等问题，面对这一系列的问题，探索在"减肥"的背景下，"保效"甚至"增效"是保障蜜柚产业绿色发展的必由之路。

（1）应该怎么减、减多少

平和蜜柚科技小院根据农户习惯施肥用量和蜜柚生长养分需求，绘制了蜜柚养分吸收及盈余平衡图，从图2.2可以看出：习惯施肥条件下平和蜜柚果园的氮、磷、钾养分严重过量，但是钙、镁养分亏缺。

由于氮、磷、钾肥施用量远超蜜柚养分实际需求量，导致土壤氮、磷、钾养分富集［氮素盈余为+1170.0克/（棵·年）、磷素盈余为+494.5克/（棵·年），钾素盈余为+755.5克/（棵·年）］，不仅造成经济损失，还会引起环境问题。过量养分盈余将会引发土壤持续酸化、中微量元素有效性降低、水体潜在富营养化、地下水硝酸盐过量等问题。此外，蜜柚生产中忽视了钙、镁等养分的补充［钙素盈余为–174.1克/（棵·年）、镁素盈余为–32.4克/（棵·年）］，且土壤酸化加剧了钙、镁等养分的淋失，导致钙、镁营养缺乏的问题极为普遍。

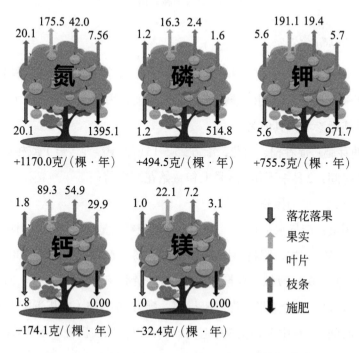

图2.2　习惯施肥下蜜柚养分吸收及盈余平衡图（附彩图）

根据蜜柚养分平衡分析，实际化肥施用量已远超蜜柚养分需求量，再结合农户习惯施肥用量、蜜柚生长养分需求规律和土壤养分状况，平和蜜柚科技小院对蜜柚施肥量进行了优化，提出可以在现施用量的基础上减量的90%（图2.3）。并通过田间长期定位试验，持续跟踪测定产量和品质等指标，证明了氮、磷、钾化肥降低习惯施用量90%同样能够满足蜜柚生长所需的氮磷钾养分。

肥料投入/（千克/公顷）	习惯施肥/（千克/公顷）	优化施肥/（千克/公顷）
N	1084	160
P_2O_5	914	0
K_2O	906	176
MgO		40
有机肥	7700	2000
熟石灰		3108

图 2.3　每公顷减肥情况

（2）减肥配方

合理的配方施肥也同等重要。通过明确蜜柚养分吸收规律，科技小院制定了蜜柚生长各个时期的推荐施肥配方和施肥用量，以期为广大蜜柚种植户提供施肥参考，具体为：

① 萌芽肥：促春梢、促花，配方25-5-15（氮-磷-钾含量）或相近配方。

施肥时间：2月中下旬至3月上旬，始花期之前；

施肥方式：均匀撒施或浇施；

施肥用量：产量水平150～200斤/株，肥料用量0.5～0.6斤/株；产量水平100～150斤/株，肥料用量0.4～0.5斤/株；产量水平50～100斤/株，肥料用量0.3～0.4斤/株。花期配合叶面补充钙、镁、硼肥，1～2次。

② 稳果肥：减少落果、提高坐果率，配方15-2-25（或相近配方）。

施肥时间：4月中下旬至5月上旬，50%以上果实横径＞4厘米；

施肥方式：均匀撒施或浇施；

施肥用量：产量水平150～200斤/株，肥料用量0.5～0.6斤/株；产量水平100～150斤/株，肥料用量0.4～0.5斤/株；产量水平50～100斤/株，肥料用量0.3～0.4斤/株。

③ 壮果肥：提糖、促进品质形成、增加储藏营养、促进花芽分化，配方15-2-25（或相近配方）。

施肥时间：6月中旬至7月上旬，50%以上果实的横径＞12厘米；

施肥方式：均匀撒施或浇施；

施肥用量：产量水平150～200斤/株，肥料用量0.8～1.0斤/株；产量水平100～150斤/株，肥料用量0.6～0.8斤/株；产量水平50～100斤/株，肥料用量0.5～0.6斤/株。

④ 采果肥：恢复树势树体营养、增加树体各器官储藏营养、促进高质量的花芽分化，配方25-5-15（或相近配方）。

施肥时间：海拔400米以下地区，宜在采果前后7～10天施入。海拔400米以上的晚熟地区宜在采果前（约9月上中旬前）施入；

施肥方式：放射状埋肥或均匀浇施；

施肥用量：产量水平150～200斤/株，肥料用量0.5～0.6斤/株；产量水平100～150斤/株，肥料用量0.4～0.5斤/株；产量水平50～100斤/株，肥料用量0.3～0.4斤/株。配合5斤/株的有机肥，根据测土结果补充适量钙镁硼锌。

（3）减肥试验的效果

夏梢生长有利于蜜柚幼树树冠扩大，但对成年蜜柚树来说，控制夏梢很关键。夏梢生长旺盛会影响当年的果实发育、增加病虫害发病率、推迟秋梢的抽生时期。早秋梢利于花芽分化，可成为翌年的结果母枝；而晚秋梢成花困难，且在冬季易遭受冻害（邓秀新等，2013）。示范地肥料减量施用在叶片上的效果：与农户施肥对照，减肥后蜜柚树体夏梢明显减少而挂果量却没有减少（图2.4）。

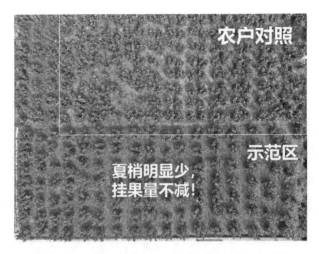

图 2.4　示范地航拍图（附彩图）

平和蜜柚科技小院采集减肥试验地和农户常规试验地土壤样品进行养分分析，发现减肥试验地土壤中相关元素的含量并没有减少。通过跟踪测定 2018～2020 年土壤养分含量，发现减肥处理与农户常规施肥土壤中氮、磷、钾含量总体差异不显著，土壤肥力能维持在稳定水平。

平和蜜柚科技小院通过对定位试验地 2019 年和 2020 年两年的产量和品质相关指标进行测定发现：优化施肥处理减少了近 90% 的氮磷钾肥料投入，但与农户常规施肥相比，蜜柚产量并没有降低，且品质保持稳定，果实中可滴定酸和维生素含量均无显著差异。这说明科学地减少化肥的投入，既能保持产量和品质稳定，又能保证养分被高效吸收。

（二）镁肥提质

镁是植物叶绿素的中心原子，对蜜柚光合作用、单果重、甜度、果皮厚度和色泽均有重要作用。蜜柚叶片缺镁症状：首先是叶片主脉两侧与侧脉间的叶肉褪绿黄化（图 2.5），随缺镁程度的加剧，局部黄化现象扩展至整个叶片，并伴随着叶脉的木栓化爆裂。根据研究，土壤交换性镁浓度低于 60 毫克/千克时蜜柚会出现缺镁症状。蜜柚种植生产过程中农户大量施

图 2.5　平和县蜜柚园缺镁照片（附彩图）

用氮磷钾肥现象显著，但往往忽略了中微量元素如镁肥的施用，这导致蜜柚叶片、果实缺镁现象显著。平和全县62%的果园土壤交换性镁浓度低于60毫克/千克，其中32%的果园低于30毫克/千克。

适量的镁肥施用有助于构建合理的肥料运筹体系，实现蜜柚增产提质增效。平和蜜柚科技小院总结了4年15个试验点的试验数据，初步明确了土壤施用镁肥在增产提质增收中的显著作用，而且还能减少能量消耗、碳排放，从多角度阐述了镁肥增效的可行性；此外，科技小院通过总结2年叶面镁肥定位试验的试验数据，初步阐明喷施镁肥跟土壤施用一样有效，相关研究为镁肥田间推广、产业绿色发展提供了重要的依据。

（1）土施镁肥效果

相比于农户常规处理，减肥补镁处理能够实现蜜柚果实增产。农户常规处理蜜柚产量为50.12吨/公顷，而减肥补镁处理达54.51吨/公顷，增产8.76%；农户常规处理和减肥补镁处理单果重分别为1.34千克和1.36千克，差异不显著；而减肥补镁处理每株平均挂果49.33个，显著高于农户常规处理每株平均挂果45.87个。因此，实现蜜柚增产的主要原因在于增加了挂果数量。

减肥补镁处理相比于农户常规处理显著降低了果实可滴定酸含量，从而提高了果实固酸比，使蜜柚口感风味有所提高；但果实可食率和可溶性固形物在农户常规施肥处理和减肥补镁处理中并无显著性差异。另外，通过综合分析能量、碳排放、经济效益，发现与农户常规施肥相比，减肥补镁处理能够显著降低单位产量能量输入与碳排放，显著提高产投比。

（2）喷施镁肥效果

平和蜜柚科技小院通过比较不同施肥方式下施用等量的镁肥发现：叶面施镁（叶面喷施4%七水硫酸镁）处理与土壤施用镁肥对蜜柚产量、叶片营养状况和品质的改善效果相同。叶面施镁和土施镁肥可以提高产量，其中2020年叶面施镁的蜜柚产量和挂果数显著高于对照处理。

叶面施镁（叶面喷施4%七水硫酸镁）和土施相同镁量的镁肥都可以改善蜜柚叶片营养状况，使蜜柚两年生春梢叶和当年生春梢叶的镁浓度和氮浓度得到了提高。叶面施镁和土施镁肥均可以改善蜜柚品质，提高蜜柚果实维生素C和可溶性固形物浓度，提高固酸比，其中叶面施镁对品质改善效果较好。

叶面喷施不同浓度的七水硫酸镁可以显著提高蜜柚叶片SPAD（叶绿素）值、氮浓度和镁浓度，叶片喷施2% ～ 4%七水硫酸镁可以改善蜜柚叶片营养状况，并提高蜜柚产量和品质。在土壤严重缺镁的条件下，可通过叶面喷施5% ～ 8%的七水硫酸镁进行补镁。

综合来看，镁肥在蜜柚果实"增效"和"提质"中起到了显著的作用。在减少大量元素如氮、磷、钾投入的背景下，增加中微量元素如镁的合理运筹，可显著提高蜜柚的产量和品质。

（三）土壤改良

有效解决平和县土壤酸化与钙镁缺乏的问题，探索行之有效的土壤改良措施是当务之急。平和蜜柚科技小院采取土壤酸化修复与酸化阻控相结合的策略，在优化减肥的基础上，以土壤修复和土壤改良产品为抓手，开展柚园土壤改良工作。在酸化修复方面，以石灰为土壤调酸材料，通过氢氧化钙滴定法确定石灰用量，并配施镁肥，明确石灰调酸同时补施镁肥对柚园土壤酸度、养分有效性、果实养分吸收和品质的影响。同时在酸化修复的基础上，研发适合柚园土壤的改良产品，实现酸化阻控的长效性。

（1）石灰与镁肥配施修复酸化土壤

平和蜜柚科技小院通过试验发现，在酸性土壤上施用石灰可以缓解土壤酸化。在严重酸化的柚园土壤上（pH＜4.5）连续两年施用石灰后，可有效改善0～10厘米土层的酸化状态，使0～10厘米土层土壤pH提高1～2个单位，但对10～20和20～40厘米的影响较小。

连续两年施用石灰和镁肥实现了土壤钙镁营养状况的逐步提升。在酸性缺镁的土壤上施用石灰与镁肥可以提高土壤养分有效性，与不施用石灰和镁肥相比，连续两年施用石灰、石灰结合镁肥配施，可显著提升各土层氮、磷、钾养分有效性，提高土壤交换性钙和镁的浓度，同时降低各土层土壤交换性酸与交换性铝离子的浓度。

石灰调酸配施镁肥处理增加了树体挂果数，提高了蜜柚产量，优化处理的蜜柚产量第一年为57.24吨/公顷，第二年为59.76吨/公顷，相比当年对照产量分别提高了34.15%和27.01%。另外，石灰配施镁肥处理还可改善蜜柚品质：降低蜜柚果实的果皮厚度，增加蜜柚果实的可食率、提高可溶性固形物含量以及降低可滴定酸含量。

（2）土壤调理剂阻控土壤酸化

土壤调理剂可以改善土壤的物理性质和生物活性。在修复酸化土壤的基础上，平和蜜柚科技小院与厦门江平生物基质技术股份有限公司合作以不同工农业废弃物为原材料，基于养分平衡的原则，研发了新型土壤调理产品（图2.6），同时开展了多年多点的试验验证，追踪产品的阻控效果，初步实现了酸化土壤的长效阻控。

图 2.6　土壤调理剂产品

　　平和蜜柚科技小院通过多年多点试验，明确了全园撒施土壤调理剂（280千克/亩），可有效改善柚园土壤酸化现状、提高蜜柚产量、提升柚果品质。施用调理剂后，表层土壤（0～20厘米）pH提高到6.19，比农户对照提高了1.29个单位；亚表层土壤（20～40厘米）施用土壤调理剂pH为5.22，比农户对照提高0.94个单位。施用调理剂后，蜜柚产量为60.7吨/公顷，相比农户对照增产了32.8%。施用调理剂后，优化处理固酸比提升至22.3，比农户对照提高了48.7%。

（四）优化施肥位置

　　根系是蜜柚植株生长和养分吸收的基础，明确蜜柚根系分布（尤其是有吸收功能的根系分布）是实现柚园化肥减量投入、高产高效和绿色发展的重要一环。平和蜜柚科技小院通过对蜜柚进行根系挖掘（图2.7）初步了解了蜜柚根系的分布特征。为了更加详细地掌握蜜柚的根系分布，科技小院根据已了解到的蜜柚根系分布特征进一步设计了不同树龄根系分布特征的调研。

　　平和蜜柚科技小院研究生组建了"考古小分队"，在专家和当地柚农的帮助下，开展不同海拔、不同树龄的蜜柚根系生长分布调研。通过根系调研，科技小院明确了蜜柚根系的水平和垂直分布规律，阐明了蜜柚根系与养分含量之间的相关关系。

图 2.7　蜜柚根系分布（附彩图）

　　根系生长调研工作以8年、13年、18年、23年树龄的蜜柚树为研究对象，以树干为圆心，自树干向滴水线每隔20厘米设定一个取样点，水平向共计7个点位。其中，140厘米位置为农户常规施肥位点（注：农户施肥具体位点因树势差异而有一定变化，10年以上树龄多大于等于140厘米或大于等于150厘米；本次调研中蜜柚树施肥位置在距离树干140厘米处）。垂直向选取0～20厘米、20～40厘米两个土层深度（图2.8）。

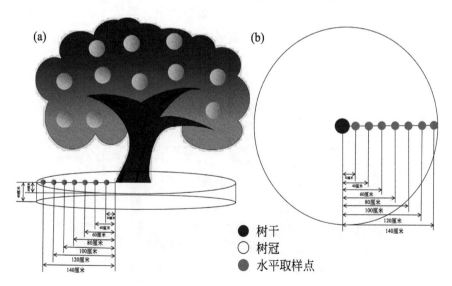

图 2.8　单株蜜柚根系取样示意图

平和蜜柚科技小院通过根系取样，发现不同树龄根长密度随距树干距离的不同呈显著的空间差异。水平方向上，不同树龄蜜柚根系的根长密度随着距树干距离的增加呈现先上升后下降趋势：距离树干0～80厘米范围内的根长密度显著高于距离树干140厘米处。垂直方向上，表层土壤（0～20厘米）的根长密度显著高于亚表层土壤（20～40厘米）。

平和蜜柚科技小院通过对根系生长分布规律进行横纵维度分析：水平方向上，距离树干0～80厘米范围是根系的主要分布区域，该区域根系干重占根系总干重百分之七十以上。垂直方向上，各树龄中，0～20厘米土层的根系干重大于20～40厘米土层深度的根系干重，占根系总干重的一半以上。

平和柚农习惯将肥料施在柚树的滴水线部位，平和蜜柚科技小院通过根系数据分析，明确了蜜柚吸收养分的须根主要集中在距离树干20～80厘米位置，而不是农户传统观念中的滴水线附近。并以蜜柚根系分布规律为依据，提出将施肥位置调整到距树干20～80厘米范围内（图2.9），改变了传统在滴水线附近施肥的做法。现该施肥方法已通过科普培训实现了推广，提高了养分吸收效率，提升了蜜柚产量，降低了农户生产成本，取得了较好的成效，实现了肥料的高效利用，为产业绿色发展提供了重要支撑。

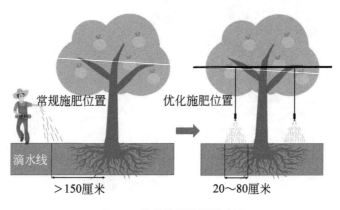

图2.9　推荐施肥位置模式图

（五）果园覆草技术

土壤严重酸化是制约蜜柚产业健康发展的重要因素，除了控肥调酸，平和蜜柚科技小院提出可采用果园覆草技术改善柚园土壤酸化和氮磷养分过量的问题。果园覆草是目前果园较为先进的一种土壤管理方法，是通过人工种草或自然生草的方式，使果园地表土壤全园覆草或条带状覆草。一般土层深厚的果园可选用全园覆草，土层贫瘠的果园可选择带状覆草。无覆草果园和覆草果园（图2.10）最直观的区别是柚园土壤表层有无草类植被覆盖。

图2.10　无覆草果园（左）与覆草果园（右）

果园覆草具有诸多优点：① 覆草能增加土壤团聚体，改善土壤物理结构；② 覆盖草类可翻埋作有机肥，提高土壤有机质含量，连续5年种草可提升土壤有机质约1.5%；③ 覆草可缓冲地面径流，防止水土流失，调节湿度以提高水分利用率；④ 覆草可减少盐基淋失和铝的富集，减少果园土壤酸化；⑤ 草类可将不可吸收态的氮、磷、铁、钙、锌、硼等元素进行有效转化，提高土壤养分有效性；⑥ 生草覆盖也可调节土壤温度，减小变幅，利于根系生长活动；⑦ 生草成坪后可抑制杂草生长，减少除草用工成本。

果园生草一般于春秋两季播种，播种前要精细整地，采用条播或撒播方式播种，播种深度0.5厘米，条播行距25厘米，种植宽度1.5厘米，生草后幼苗期清除杂草，适当刈割后覆盖地面，注意草类不能生长过强而影响果树生长。及时刈割和更新草坪是生草栽培技术的重点，一般草种生长到50厘米时，就需要留10厘米草层进行刈割，可有效解决草与果树之间的肥水矛盾。及时更新草坪可保证果园改土的连续性，延长覆盖保护期。

蜜柚果园也可以采用自然生草方式，通过保留柚园内自生自灭良性杂草，铲除恶性杂草，以自然竞争和刈割等措施，调控自然生草生长。最初几个月不要割草，待草根扎深，将割下的草覆盖树下，5年后可视情况翻埋，更新草坪。

果园的生草类型一般有一年生和多年生两种，一年生需要每年为果园种草。较干旱地区可以种多年生黑麦草，其余常见的品种可参考图2.11，最好具有耐践踏、引诱天敌且固氮能力较强等特性。

鸭跖草　　　藿香蓟　　　黑麦草　　　白三叶草

紫云英　　　苕子　　　柱花草　　　地三叶草

油菜　　　箭筈豌豆　　　肥田萝卜　　　大豆

图2.11　常见绿肥（附彩图）

平和柚园季节性干旱较为常见，选择禾本科和豆科草类种植，一方面可以改善柚园土壤微气候，调节温湿度，保墒保水，加速养分循环，减少氮的投入；另一方面，果园树种单一，容易诱发多种病虫害，加重管理难度，而种草可以构建适宜的小气候，减少果园细菌性病害。同时，柚园覆草可以提高果树的抗逆能力，提高土壤微生物数量，提高害虫天敌数量，显著减少农药投入量，降低农药残留，有利于环境保护。此外，柚园覆草可提高地上部光合作用和有机营养积累；使新梢早停长，易成花；果实上色早而快，含糖量高，风味浓。

柚农一般认为种草会影响果树的生长和果树抢养分，甚至是招来害虫，故多采用清耕制，既增加了生产成本，也导致生态严重退化，产品质量不佳。实际上，只要管理妥当，注意草种选择和管理，既可有效避免草树争抢养分，维护果园小气候环境，也具有改良土壤和提高蜜柚品质的多重功效。

三、展明日，小院技术"百舸争流"

（一）应用"水肥一体化"

根层水肥精准管理是养分综合管理技术的重要方面。适宜的水分条件和合理的养分供应是农产品高产优质的基础，可提高果树抗胁迫能力、提升产量、提高品质、增加利润、增强可持续性并提高产品竞争力。过多或不足的灌溉或施肥可能导致果实产量与品质下降，养分淋洗，对环境产生不良影响。水分胁迫、养分缺乏、水分养分供应不同步，都会严重制约作物的高产优产。

平和县柚园多分布在山地，果园立地条件和养分环境差。山地灌溉条件差，近年来季节性干旱问题突出，使得蜜柚果肉粒化现象日益凸显。虽然部分平地果园有一定的灌溉条件，但是高产优质的生态果园并不多。平和柚园水肥管理方面存在施肥量、施肥方式、施肥位置、水分供应等多方面问题，当前柚园主要的施肥方式是雨前或雨后撒施，施肥位置都是树冠"滴水线"外沿位置。肥料撒施后果农一般不覆土盖肥，肥料暴露在空气中，果树肥料吸收利用效率低，易造成肥料浪费，加剧环境风险，浪费劳动力。农田水分多靠雨养，随着季节性干旱天气频现，少雨季节柚园土壤水分含量不能满足蜜柚正常生长发育所需，从而影响蜜柚的产量与品质。

优化蜜柚园施肥方式、施肥量和施肥位置，制定合理的施肥制度对于提高养分吸收利用效率、减少养分淋洗损失具有重要意义。平和蜜柚科技小院通过水肥一体化技术提高蜜柚水肥资源利用效率，使蜜柚高产、优质、高效生产。平和蜜柚科技小院引入了两套水肥一体化技术：一种是滴灌（图2.12），将滴灌管在蜜柚树冠下多圈环状布置，共计安装8个滴头（滴头流量4升/小时）；另一种是高挂微喷（图2.13），每棵蜜柚树的树冠下安装2个滴头（滴头流量16升/小时）。通过应用水肥一体化技术，实现了柚园土壤水分与养分的精准调控。

图 2.12　树冠下多圈环绕布置滴灌试验（附彩图）

图 2.13　高挂微喷试验（附彩图）

蜜柚水分管理方面：跟踪监测土壤的水分含量变化，土壤水分含量不足时，通过水肥一体化设备定量灌溉补给。灌溉量计算公式为：单株蜜柚的灌水量＝根层深度（蜜柚果园按40厘米算）×（田间持水量－土壤实际含水量）×树冠面积；灌溉时间＝灌溉量/水流量。蜜柚生长各个时期土壤含水量参考标准：在2～6月份（开花期、坐果期、营养生长期）保障土壤含水量保持在田间持水量的65%以上；在6～7月份集中降雨期，土壤的含水量只需保持在田间持水量的35%以上，以增加田间持水能力，减少养分淋洗；8～10月份果实膨大成熟期，保障土壤含水量保持在田间持水量的50%以上。

蜜柚养分管理方面：氮-磷-钾-镁（N-P_2O_5-K_2O-MgO）的施用量为200-0-200-40千克/公顷，施肥位置为距离树干20～80厘米的环状施肥圈上，施肥方式为水肥一体化施用，根据蜜柚不同生育期的生长发育规律将肥料均分为17次施用施肥，各个时期肥料分配与施肥次数见表2.2：

表2.2 肥料分配比例与施肥次数

施肥情况	2～3月	4～5月	6～7月	8～9月	11～12月
肥料分配比例	25%	25%	25%	15%	10%
施肥次数	4次	4次	4次	3次	2次

柚园中应用水肥一体化技术施肥核心问题主要有：① 安全浓度：肥水比1：（300～500），监控养分浓度，保证肥料不烧根伤叶，比例视降雨量适当调整。② 养分平衡：向作物合理供应作物所需的多种养分。③ 滴灌次数：常规土壤上，一般蜜柚整个生育期的滴灌施肥次数为10～20次；果园干旱时，可以单独进行灌溉。④ 系统清洗：为避免堵塞管道与滴头，滴灌施肥后要滴清水20分钟左右，将管道内的肥液淋洗掉，并打开滴灌管尾端冲洗1次/月。⑤ 肥料选择：滴灌施肥必须选择可溶性肥料。

在肥料选择上还应当注意以下几点：易溶解、溶解快是用于灌溉系统肥料的基本要求，避免堵塞管道与滴头；滴灌施肥必须选择可溶性肥料；

可以选择液体配方肥、硝酸钾、氯化钾、尿素、硫酸一铵、硝基磷酸铵、七水硫酸镁、硝酸铵钙、水溶性复混肥等。

应用水肥一体化技术具有诸多优点：可根据不同作物生长发育期的需水需肥规律进行设计，实现水分与养分在时空上同步，水肥协同互作；水肥协同管理可以显著改善果树的营养和生理状况，加快水分和养分被吸收的速度，实现高产高效；节水节肥：水分、肥料利用效率高，滴灌用水量只有喷水带灌溉用水量的1/4～1/3，比常规施肥节省30%～60%的肥料；省时省工：可以短时间内完成灌溉和施肥工作，节省80%以上用于灌溉和施肥的人工，大幅度降低劳动强度；对地形的适应性强，易于进行自动化控制。

（二）引进"基质限根栽培技术"

限根栽培是一项直接调控根系生长发育的新型栽培技术，指人为地把植物根系限制在一定介质或空间中，改变根系分布与结构，通过根系调节整个植株生长发育，从而实现高产高效优质的一项栽培技术。由土壤种植改变为在基质中进行限根栽培，耦合水肥一体化技术则能够解决近些年来蜜柚园土壤肥力下降、酸化严重、离子拮抗等土壤问题，避免土壤限制，为蜜柚的优质高效栽培体系提供新方案。2020年开始，平和蜜柚科技小院与厦门江平生物基质技术股份有限公司合作研发蜜柚基质限根栽培技术体系，为蜜柚产业转型升级和绿色发展提供科技支撑。

（1）基质限根栽培优势

① 基质限根栽培可以加快挂果前的幼树梢叶生长，促进冠层建成和尽早结果。

② 挂果后，基质限根栽培可以通过控制树冠大小，减少枝梢冗余生长，减少修剪量，节本增收；另一方面便于矮化密植，提高单位面积产量和经济效益。

③ 基质限根栽培耦合水肥一体化技术提高水肥利用效率，根据水分和

养分需求规律精准供给水肥，降低果实粒化率，提供标准化的优质果品。

④ 基质限根栽培不受地域限制，便于实现高产、优质、高效、智能化栽培。

（2）基质限根栽培的应用效果

基质限根栽培在蜜柚幼树上应用效果显著。限根栽培下蜜柚幼树的梢数和叶片数显著高于常规栽培（图2.14a、图2.14b）。限根栽培促进挂果梢（春梢）的抽发，单株春梢数平均增加10～20个，植株生物量显著增加，这有利于前期树体冠层的快速建成，尽早结果。此外，限根栽培的蜜柚根系更发达（图2.14c、图2.14d），尤其是吸收养分和水分的细根更多，可以提高水肥利用效率，促进蜜柚产量和品质提高，促进农户节本增收。

a. 常规栽培　　　　　　　　　　　b. 限根栽培

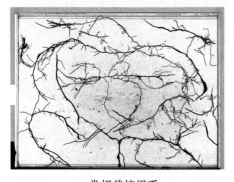
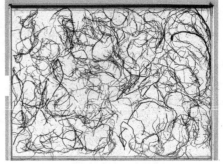

c. 常规栽培根系　　　　　　　　　d. 限根栽培根系

图2.14　常规栽培与限根栽培

基质限根栽培对产量和品质有显著影响。限根栽培不仅可以促进花芽分化，增加花量，提高成花结果比例，还可以利用密植增加单位面积产量。而且，限根栽培可以显著提升果实可溶性糖和可溶性固形物浓度。

基质限根栽培耦合水肥一体化技术可以定量供应养分和水分，减少水肥损失，明显提高肥水利用效率。基质限根栽培结合水肥一体化后可以节肥20%以上，节水50%左右，水分利用效率最高可达95%；而且氮肥利用率超过50%，常规栽培下氮肥利用率仅30%～35%。

基质限根栽培耦合水肥一体化技术进行水肥精准供给，可以降低水肥投入，节本增收；降低果实裂果率和粒化率，提高优质果品率；矮化密植还可以减少修剪和采摘工作量，提高农户经济效益；可以避免土壤限制，减少农业面源污染，为农业绿色发展作出贡献。平和蜜柚科技小院试验区的基质限根栽培基地柚树长势良好（图2.15），基质限根栽培必将在蜜柚及其他果树上发挥更大的作用。

图 2.15　基质限根栽培基地蜜柚幼树长势（附彩图）

（三）探索"一次性施肥技术"

传统施肥方式下，大量肥料投入引起的养分流失会对生态环境造成严重的污染，另一方面，除了高额的肥料成本，多次施肥的人工成本也在水涨船高，在未来人工成本将会越来越高的条件下，减少人工施肥次数和施肥量，提高肥料利用率将会成为新的施肥技术趋势。通过前人调查研究发现，平和蜜柚年均施肥4.93次（李清华等，2016），高于当前普遍推荐的年均4次施肥（促梢壮花肥、定果肥、壮果肥及采果肥）。

控释肥料是一种以受控方式释放养分满足作物养分吸收的肥料，能够提供更高的养分利用效率，减少养分流失。近年来，控释包膜材料成本逐渐降下来，控释肥料价格也有所降低，控释肥料产业化规模也日益增大。在"双减"和保护生态的背景下，政府关于应用缓控释肥的文件也日益增加。目前控释肥料主要以硫包膜和树脂包膜为主，其中后者稳定性更好，应用更为广泛。控释肥料为大田一次性施肥提供了解决方案。

平和蜜柚科技小院计划根据蜜柚生长需肥规律和控释肥料养分释放规律设计一款缓控释肥，通过一次性施肥就可以满足蜜柚在不同生长阶段的养分需求，以期减少肥料投入成本和施肥成本，达到节本稳产的目的，探索一条轻简化的施肥方式。目前柚园施用的是各不同养分的缓控释肥（图2.16），一次性施肥就能满足蜜柚整个生长期主要养分需求的缓控释肥料在进一步研发中。

图 2.16　蜜柚专用缓控释肥（左图）及其放射沟施用（右图）

（四）技术推广：树立典型农户，发挥带头作用

"金杯银杯，不如老百姓口碑。""科技小院技术"好不好，还是要柚农亲自现身说法。自平和蜜柚科技小院在平和开展工作以来，一直注意挖

掘典型农户，积极发挥领头羊作用，通过点到线、线到面、自下而上的模式，积极推动技术推广与应用。这也是科技小院人才培养的重要一环。

2016年，平和蜜柚科技小院通过深入了解当地的农业模式、产业结构和种植现状，厘清了平和蜜柚产业高度集约化、化肥投入过量和土壤问题突出等限制产业发展的关键问题，针对性地提出了"减肥压酸，补镁增效"的综合技术。但是在与农户的接触中，一提到"减肥"，便受到了当地蜜柚种植管理经验丰富果农的连番质疑，认为这与传统做法背道而驰。十里八乡的种柚能手——林新民师傅担心减少一半以上的化肥投入，柚子树营养供应会出问题。

为了工作的顺利开展，平和蜜柚科技小院决定先给农户吃颗定心丸：和大家签协议，化肥用量减少一半，若是柚子减产，出现了多少损失都由科技小院来承担。柚农们这才签下了这份"保收"的保障协议，典型示范户的筛选也从这里起步。

在最早和科技小院合作的林新民师傅的蜜柚园里，一棵蜜柚树从施用化肥16斤到8斤到4斤，再到现在的2斤，投入虽然减少了，但是产量却是稳步增加，林师傅的收入也越来越多。5年间，他从一开始的强烈质疑，到现在化身为科技小院绿色种植技术的代言人（图2.17）。以林新民为代表的合作柚农正在积极地给周围的农户现身说法，也见证了科技小院绿色提

图2.17　林新民师傅与科技小院一起推广
蜜柚绿色提质增效技术（附彩图）

质增效技术在农户地里发挥出的实实在在的效果。

科技小院的"减肥"试验取得初步成效后，柚农赖国永从2019年起开始跟着科技小院开展减肥试验，率先将自家的520棵蜜柚树每年的肥料用量减少到每棵三斤，平均每年减少7000元的肥料成本，不仅如此，他还积极带动周边十余户柚农学习科技小院减肥技术，成为科技小院标准示范户。

如今，越来越多的农户开始加入科技小院的"减肥"行列中，以五星村的长期定位试验基地以及与林新民、赖国永等柚农的合作示范试验地为中心，科技小院的减肥技术开始辐射扩散开来，大家从"多施肥"到"狠减肥"，从"老办法"到"新技术"，科技小院为当地培养了一批又一批的新型科技柚农，"田间教授"们正在走上讲台，与科技小院一同将减肥技术推广到更多的农户中去，实现技术的全面推广。

第三章

科技助力　谱发展新篇

一、蜜柚提质增效技术培训"走乡串镇"

2021年3月18～19日，福建省农业生态环境与能源技术推广总站先后在平和县、南靖县举办3场主题为"绿色生态农业"专题系列讲座（图3.1），邀请福建农林大学根系生物学研究中心廖红教授、资源与环境学院院长周顺桂教授和平和蜜柚科技小院学生导师吴良泉分别围绕"绿色生态茶园建设"、"废弃物资源化利用"及"平和蜜柚减肥增效技术"开展培训，平和县农业农村局领导、各乡镇政府分管领导及农业站负责人，当地产业协会、种植大户、家庭农场、合作社负责人等300余人参加了讲座。

图 3.1　平和县"绿色生态农业"系列讲座

平和蜜柚科技小院形成的"减肥压酸、补镁增效"的技术模式，为实现蜜柚节本、绿色、优质、丰产提供了一条可行的技术途径。为推动该技术的应用，促进蜜柚产业绿色高质量发展、提高平和蜜柚产业市场竞争力，平和蜜柚科技小院在全县开展平和蜜柚绿色提质增效技术系列培训。由福建省科协、福建省农技协统一领导，平和县科学技术协会、平和县农业农

图 3.2　平和县乡镇蜜柚绿色优质高效栽培技术培训启动仪式

村局主办，县各乡镇政府、科技小院承办的平和县乡镇蜜柚绿色优质高效栽培技术培训于 2021 年 3 月 26 日在坂仔镇仁山村村委会启动（图 3.2）。

　　针对平和县蜜柚果园生产中存在的问题，科技小院主要从蜜柚绿色提质增效养分管理技术、柚园土壤酸化现状及改良技术和蜜柚绿色高效病虫害防治技术三个方面开展培训（图 3.3、图 3.4、图 3.5）。通过集中培训结合案例教学，普及推广蜜柚绿色优质高效栽培技术，提升各乡镇蜜柚生产人员的科学种植水平及农技服务人员的服务水准，推动各乡镇蜜柚产业高质量发展，培育一批有文化、懂技术、善经营、会管理的高素质农业人才，为平和县农业绿色发展和乡村振兴提供人才保障，为平和县乡村振兴战略贡献科技小院力量。

图 3.3　科技小院研究生讲课

图 3.4　平和县大溪镇蜜柚绿色优质高效栽培技术培训现场

图 3.5　平和县乡镇蜜柚绿色优质高效栽培技术培训

（左上：文峰镇蜜柚养分管理培训会；右上：培训现场学员认真听课；
左下：五星村蜜柚绿色提质增效技术培训会；右下：国强乡三五村科普下乡服务活动）

培训过程中，科技小院师生们以生动的图片和通俗易懂的语言，向各位柚农朋友详细介绍了蜜柚的养分资源综合管理技术体系；"田间教授"林新民师傅以闽南语现身说法（图3.6），介绍了他与科技小院的互信历程、从多撒肥到狠"减肥"的改变、从只会种地到学会做试验的进步。培训会后，农户们围着同学们纷纷问出种植中的疑惑，同学们认真倾听并一一针对解答，讨论氛围热烈（图3.6）。

图 3.6　下乡科普培训

2021年3月至2021年5月，科技小院在全县开展蜜柚绿色提质增效技术线下培训会40场（图3.7、图3.8），受众1736人次。在各级科协和农技协的统一领导下，平和蜜柚科技小院将会以更多样化的方式持续稳步推动"科技小院技术"在蜜柚产业绿色发展中的推广和应用。

图 3.7　各乡镇科普培训

图 3.8　线下培训合影留念（附彩图）

二、蜜柚减肥增效技术"看得见，学得来"

　　科技小院综合集成化肥减量施用、测土配方施肥、土壤酸化改良、整形修剪、有机肥替代、土壤调理和镁肥增效等措施，提出了蜜柚"减肥压酸、补镁增效"的科技小院绿色技术，并积极推动技术"落地生根"。在技术推广中，有些农户担心"减少施肥一年半载可以，时间久了可以吗？""这么多年，我们都是把肥料撒在树冠外，你们凭什么说撒在树冠内好呢？"为了让小院技术看得见、学得来，平和蜜柚科技小院在五星村建立了长期定位试验示范基地，通过田间观摩活动（图3.9）展示多年试验示范效果，让广大果农眼见为实，打消心中疑虑；通过对蜜柚的整根挖掘直观展示根系生长分布情况，提出向树冠内施肥的科学做法，纠正了一直以来农户滴水线外施肥的传统做法。

图 3.9　田间观摩会（附彩图）

在田间观摩会上，平和蜜柚科技小院师生积极与柚农们交流，根据柚农们的问题进行答疑解惑，并进行实地操作演示，让柚农们对"减肥压酸、补镁增效"绿色提质增效技术的关键要点理解更透彻；也邀请采用过科技小院技术的当地柚农现身说法，用家乡话述说科技小院技术的精髓。受科技小院工作启发，大批农户积极地将绿色提质增效综合管理技术应用到自家的柚园里。目前，科技小院组织田间观摩和田间地头指导农户科学管理蜜柚110余次，涉及柚农1100余人次。

2020年9月25日，平和蜜柚科技小院在五星村主办了"蜜柚绿色提质增效技术现场观摩会暨首届五星村蜜柚节"。福建省农技协理事长吴瑞建在闭幕词中肯定了科技小院成立以来，在各方面取得了显著的成绩，希望各界凝心聚力，不断开拓，为推动平和蜜柚产业高质量发展做出新的更大的贡献（图3.10）。福建农林大学资源与环境学院党委书记童庆满在总结讲话中提到，科技小院是将青年学子的青春与热血和乡村振兴事业以及服务三农意愿相结合的平台，希望同学们能够真正把所学知识应用到三农工作中，让科技小院更好更快地发展，助力平和蜜柚产业转型升级。

图3.10　首届蜜柚节获奖农户颁奖环节（附彩图）

（左：福建省农技协理事长、中国农技协科技小院联盟副理事长吴瑞建为一等奖获得者颁奖，

右：全体专家、师生和获奖农户合影）

2021年9月11日，平和蜜柚科技小院在五星村顺利举办了"第二届优质柚果评选活动"。中国工程院院士、中国农业大学国家农业绿色发展研

究院院长、福建农林大学国际镁营养研究所所长张福锁院士充分肯定了平和蜜柚科技小院的工作成效，希望进一步加大科研科普工作力度，指导农户增产增收，为平和蜜柚产业的转型升级与绿色发展做出更大的贡献。福建农林大学科技处处长汪世华教授勉励科技小院要坚持立足产业问题，踏实开展科学研究和科普推广工作，解决农业技术推广最后一公里问题（图3.11）。

图3.11　张福锁院士总结讲话（左上）、汪世华教授总结讲话（右上）、活动现场与合影留念（下）（附彩图）

蜜柚田间观摩活动和五星村蜜柚节活动的顺利举办有利于促进科技小院与柚农、柚农与柚农之间的相互交流，加快科学种植管理技术的普及与推广；有利于使广大柚农认识到生产优质蜜柚的重要性，不断转变传统种植观念，不断改善蜜柚绿色种植管理技术，推进生态柚园建设，促进平和蜜柚产业绿色发展。

三、技术"种"在田间地头、"揣"进柚农口袋

通过前期调研和田间的试验结果，平和蜜柚科技小院掌握了平和县柚园土壤养分供应状况、蜜柚养分平衡和养分需求动态规律、蜜柚根系分布规律、蜜柚园土壤酸化改良技术、果园覆草技术、蜜柚养分综合管理技术和蜜柚病虫害防治技术等蜜柚绿色提质增效相关技术，同学们在老师的指导下将技术转化到农户也能读得懂的展板上，把它们整齐地"种"到科技小院旁边的田间地头，这也形成了一道亮丽的风景线——科技长廊（图3.12），可供大家随时学习和交流。

图 3.12　科技长廊（附彩图）

平和蜜柚科技小院还将蜜柚养分综合管理技术、蜜柚病虫害防治技术等一系列蜜柚绿色提质增效技术整合转换成适合"揣"进口袋、方便阅读

的技术手册（图3.13）。在科普宣传活动和培训观摩会中分发给柚农翻看学习，同时在科技小院接待室阅览架上也持续供应技术手册，供来访者取阅学习。目前共发放《蜜柚绿色提质增效技术手册》4100余册。

图 3.13　技术手册

四、校企合作，"物化"蜜柚提质增效技术

平和蜜柚科技小院通过与新洋丰农业科技股份有限公司、云南云天化股份有限公司和德国钾盐集团等企业合作，推进产、学、研、用相结合（图3.14）。以专用肥为技术载体，依据蜜柚营养需求特性和土壤养分供应

图 3.14　与企业合作推广蜜柚专用肥与提质增效技术

状况，开展专用肥的设计开发与应用，将技术转化为专用肥产品，推进服务提升与技术的大面积应用。针对平和蜜柚肥料过量施用和土壤缺镁的现状，研制了低磷专用复合肥配方、镁肥和蜜柚专用肥套餐等系列产品。通过蜜柚专用肥料简化了蜜柚减肥增效技术，有效带动了技术的推广应用，目前已累计推广蜜柚专用肥1.1万吨，应用面积3.93万亩；累计推广镁肥近400吨，应用面积2.7万亩。

五、疫情时刻，展青春力量

2020年新春佳节刚过，突如其来的新冠肺炎疫情让正值春耕备耕的农户们陷入了缺乏专业人员田间指导的困境。农时紧迫，在福建省科协、福建省农技协的统一领导下，在平和县科协的协调指导下，疫情期间科技小院的同学们充分发挥专业优势，积极运用信息化技术手段，开展就地服务，助力春耕，服务复工复产，充分展现了新时代青年的精神风采。

科技小院2019级研究生刘有，通过带动父母收看苹果、柑橘专家的果园管理直播，积极讨论果园施肥问题，指导父母因地制宜合理施用畜禽粪便，改变其传统耕作观念；运用科技小院的实践经验，为农户们讲解科学施肥和管理的重要性，并提出针对性的建议。同时，通过录制蜜柚春季施肥和除草管理的相关视频（图3.15）和线上讨论（图3.16），远程指导示范农户布置田间试验，及时开展农业生产服务。

平和蜜柚科技小院2018级研究生徐凯悦、黄晓曼，发挥带头作用，在做好安全防护的同时，就地参与春耕生产（图3.17），协助农户采摘茶叶、水果，指导果树修剪，为农耕提供一线服务。

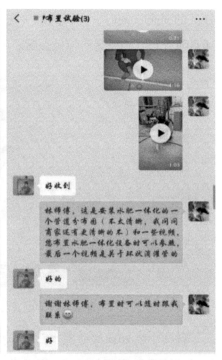

图 3.15　录制视频指导平和蜜柚园
春季施肥和除草

图 3.16　刘有与蜜柚种植示范户
讨论水肥一体化方案

图 3.17　徐凯悦（左）、黄晓曼（右）在田间开展"助农春耕"活动

科技小院 2019 级研究生宋彪，疫情期间主动报名参加社区的志愿服务工作（图 3.18）。每天定时定点在社区门口检查外来车辆及外来人员，保障

社区的安全。同时，在田间地头向农户传达最新的种植信息、科学理念，通过各种形式为疫情防控做贡献。

图 3.18　宋彪在防控疫情岗位志愿服务

科技小院2018级研究生黄晓曼指导父母进行果树的正确施肥管理；通过微信聊天及视频等方式，为平和县柚农提供在线指导（图3.19）；通过推送公众号科普文章（图3.20），运用所学的专业知识，为更广大的农户和科普推广站提供可行性建议；同时积极发扬雷锋精神，照看孤寡老人（图3.21），尽己所能，为家乡的复工复产做贡献。

图 3.19　黄晓曼远程指导
柚农施肥

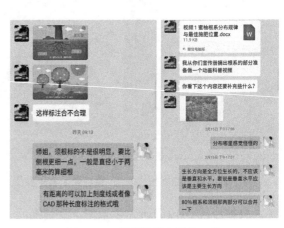

图 3.20　黄晓曼助力科普工作

图 3.21　黄晓曼照看孤寡老人

　　2020年新冠肺炎疫情期间，科技小院通过微信公众号发表科普文章8篇，通过视频号推送蜜柚春季施肥和除草管理等相关视频8个，其中原创4个、转载科技小院指导教师网络直播课程2个、电视台报道的蜜柚科普节目2个。平和蜜柚科技小院吴良泉老师、叶德练老师通过网络直播平台视频直播施肥技术2期，受众16000余人次。吴良泉老师做客福建教育电视台《乡约科普》栏目（图3.22），讲解蜜柚提质增效绿色种植技术，该节目同步在平和县电视台滚动播放。为方便广大种植者回看，科技小院公众号也同步推送两次直播视频和《乡约科普》栏目播出的视频，浏览量1100余次。

图 3.22　吴良泉受邀到福建教育电视台《乡约科普》栏目做客

第四章

凝心聚力　创青春华章

一、蜜柚生产一线的全能手

　　科技小院是中国科学技术协会、中国农村专业技术协会开展农业生产一线科技服务与人才培养的科技服务平台。在这里，研究生们可以得到科研能力、组织领导能力及创新创业能力的多方面训练与提升。青春的责任在这里担当，青春的风采在这里展现，青春的力量在这里绽放。

　　中国农技协副秘书长、中国农技协科技小院联盟秘书长、中国农业大学李晓林教授总结了科技小院"十来经"：深入农村扎下来；与农民打成一片融进来；深入调研、精准选题找出问题来；试验示范、优化技术做出来；把故事给农民、领导讲出来；将技术在现场、田间地头展出来；师生与农民互相学起来；组织农民文娱活动乐起来；总结凝练、普及宣传写出来；将高校、企业、政府、研究所、农民与合作社借助科技小院有效联起来。平和蜜柚科技小院的研究生们正是在这种人才培养思想的指引下，不断地丰富自我，锻炼本领，同学们逐渐成长为懂农业、爱农村、爱农民的新型农业人才。

　　在科研中，科技小院学生们拥有独立思考的能力，不怕苦、不怕累，深入田间地头，及时发现问题、解决问题；在生活中，学生们严于律己，维护小院形象，培养独立生活能力，让父母放心，让学校放心；在科普中，实事求是，积极传播科学种植知识，丰富宣传手段，增加技术覆盖面，帮助更多的柚农获得科学的种植方法。

　　在平和蜜柚科技小院，小院学生是科研、科普的排头兵。烈日下，暴雨中，生机盎然的柚园里总能发现科技小院同学们的身影，他们或进行植株、土壤取样（图4.1）和根系调研（图4.2），或与农户深入交流生产实际问题。大家从最开始的不知所措，到如今能够独立轻松地与农户们交流，苦活累活主动向前冲，意志力更加坚定，交流能力也得到极大的锻炼提升。

图 4.1　土壤取样（附彩图）

图 4.2　根系调研

在平和蜜柚科技小院，小院学生是科技小院厨房的大师傅。每一天，没有外出任务的同学们会早早地买好菜，做一桌丰盛的饭菜等待着外出归来的同学们。来自全国各地的同学们经常来一场大厨秀（图4.3），各地美食汇聚，厨房逐渐演变成了科技小院美食餐厅。

图 4.3　科技小院大餐

在平和蜜柚科技小院，小院学生是科技小院工作的宣传员。每年农忙前夕，同学们提前准备各种资料，为农户们精准施肥保驾护航。白天去地头与农户交流，晚上回到科技小院伏案起草文稿、编辑视频，大家分工明确，通力合作，只为将最好的技术以最适宜的方式送到农户手中。努力终有回报，科技小院宣传初见成效，运营的微信公众号关注人数超过1200人，科普视频平均浏览量过千。广大柚农通过这个窗口认识、了解了平和蜜柚科技小院；通过平和蜜柚科技小院掌握了蜜柚种植技术，使蜜柚科技小院的技术应用和传播起来。

在平和蜜柚科技小院，学生是科技小院工作的讲解员（图4.4）。展板前，同学们落落大方、毫不怯场的背后是对宣讲稿一遍又一遍的演讲磨炼。参观调研人员常常这样评价平和蜜柚科技小院学生和小院：做得好，讲得棒，听得懂，想留下。一次次的锤炼，既让同学们的表达越来越顺畅，又给同学们带来了更多的思考，同学们更准确地把握到农户所想、所需、所急，为大家讲解和服务的内容也越来越精准。

图 4.4　田间交流与入村培训（附彩图）

在平和蜜柚科技小院，学生是"一专多能"的全能手。黄晓曼与杨金昌同学常常用诗歌表达自己内心对平和这片土地的热爱，也引导着后来者感受平和蜜柚科技小院的魅力；蜜柚节上，同学们既是导演又是演员、是场务、还是主持人、设备维护员。研究生们熟练转换各种角色，保证活动顺利有序进行；操控平稳翱翔的无人机，为蜜柚拍下各生长时期的照片，做好生长期监控；进行丰富专业的视频剪辑，让宣传从静态走向动态，动静结合，更好地展示着蜜柚科技小院。

5年间，平和蜜柚科技小院从最开始只有两人驻扎、分享一张床、老鼠时不时地为锅内加餐，到现在可同时容纳十多人常驻、井然有序、窗明几净的小院环境。在这里，研究生们受到了全方位的锻炼，独立、自主、团结、协作的精神不断深入，传递在一届又一届研究生之间，激励着同学们奋发向前。

在新时代中国特色社会主义思想的指引下，在中国科协、中国农技协、福建省科协、福建省农技协的领导下，平和蜜柚科技小院坚定不移地践行新时代农业人才培养道路，真正实现了科研要到祖国最需要的地方去，真正实现了把研究论文写在祖国大地上，真正做到了打通产学研最后一公里，平和蜜柚科技小院师生是中国农业绿色可持续发展道路上最坚定的探索者和践行者。

二、"亦徒亦师，知行合一"

只有先了解农业生产一线真实存在的问题，才能有的放矢地找到科学的解决方法。然而，科学问题的解决，离不开不断深入的基础研究。扎实的基础研究是实现创新的源头，只有不断精进学科专业知识，并在持之以恒的基础研究中不断寻求创新，才能让解决方法更明确、更高效。因此，及时了解专业领域内的国内外最新研究进展、发展动态，是科技小院的"基本功"。科技小院师生在打牢专业知识的同时，不断接受新观点、新理论，积极参加各种学科领域内的学术会议。与此同时，平和蜜柚科技小院也针对自己的研究特色，积极将最新研究成果与全国同行进行分享。

他们是"徒"，学习前沿科技

2018年11月，国际镁营养研究所在广东省广州市举办了第三届国际镁会议（图4.5），平和蜜柚科技小院师生全程参加会议组织、协调与服务工作。来自中国、德国、美国、巴西、比利时、捷克、土耳其、日本、英国和澳大利亚等国家逾260位植物营养学、动物学、医学专家参会。平和蜜柚科技小院师生全程听取了9个重点报告和19个口头报告，针对土壤、作物、肥料中镁的研究进展，镁在植物生理、分子生物学中的进展，人体和动物体中的镁营养研究现状等方面进行了广泛热烈的讨论和学术交流。

图4.5　第三届国际镁会议

2019年5月，平和蜜柚科技小院师生赴安徽参加"第十八届中国青年土壤科学工作者暨第十三届中国青年植物营养与肥料科学工作者学术会议"，并开展了镁营养专题研讨会（图4.6）。专题会议就镁在不同作物中的营养功能、养分需求特征、产量效应和在品质形成中的作用进行了系统展示。这些研究成果也给蜜柚的"减肥增效"提供了思路。

图4.6　第十三届中国青年植物营养与肥料科学工作者学术会议

他们是"师"，传播"平和经验"

2019年8月，平和蜜柚科技小院师生赴重庆参加"农业绿色发展暨全国养分资源管理协作网2019年度学术大会"，科技小院责任专家、福建农林大学教师吴良泉向大会做了蜜柚五大规律的报告（图4.7）。

图 4.7　农业绿色发展暨全国养分资源管理协作网 2019 年度学术大会

同期常驻平和蜜柚科技小院的研究生们也参加了"第五期全国涉农高校科技小院研究生创新创业教育联盟培训与交流会"，平和蜜柚科技小院首任院长杨金昌向大会报告平和蜜柚科技小院的工作进展与成效，荣获"全国科技小院工作汇报三等奖"（图4.8）。

**图 4.8　第五期全国涉农高校科技小院研究生创新创业教育
联盟培训与交流会获奖留影**

2019年11月，福建省科协、福建省农技协在福州组织召开了"中国农技协科技小院专题培训班"（图4.9），同期参加培训班的人员包括来自全国20多个省（自治区、直辖市）的科协、农技协、高校及企业代表共200余人。平和蜜柚科技小院责任专家吴良泉、研究生黄晓曼等就科技小院工作做专题汇报，设立蜜柚展台，展出技术手册等科普推广工作成果（图4.10），并邀请五星村合作柚农、"田间教授"林新民分享"我与科技小院结缘"的故事。

图4.9 中国农技协科技小院专题培训班

图4.10 中国农技协科技小院专题培训班

2020年9月，平和蜜柚科技小院师生赴广西南宁参加中国农技协科技小院联盟助力乡村振兴研修班（图4.11），前往广西隆安火龙果科技小院参观火龙果种植示范基地。积极与各省科技小院交流学习，相互借鉴成果经验，在产品展示环节（图4.12），中国科协书记处书记孟庆海、中国农技协理事长柯炳生和中国农技协副理事长、中国农技协科技小院联盟理事长张建华等专家领导来到平和蜜柚科技小院展位前品尝了由平和蜜柚科技小院管理种植的琯溪红肉蜜柚，对平和蜜柚科技小院产品给予了高度评价。

图4.11　平和蜜柚科技小院师生与吴建瑞理事长合影

图4.12　中国农技协科技小院联盟交流会展示蜜柚产品

2020年12月，平和蜜柚科技小院师生赴浙江杭州参加中国农技协科技小院研究生经验交流会暨2020年中国农技协科技小院联盟助力乡村振兴研修班（图4.13）。科技小院研究生黄晓曼、杨金昌、张卫强、马昌城、刘有在研究生交流会上分别做汇报（图4.14），杨金昌向大会做"蜜柚科技小院

图 4.13　科技小院联盟建设工作经验交流研讨会

图 4.14　中国农技协科技小院联盟研究生交流会

帮助蜜柚'减肥瘦身'"专题汇报,详细介绍了平和经验,收获了强烈反响。科技小院作为样板案例多次出现在中国农技协副理事长、科技小院联盟理事长张建华和福建省农技协理事长吴瑞建的报告中,引起与会专家广泛关注。

　　经验交流会上,研究生黄晓曼获得"中国农技协科技小院联盟研究生交流会2020年度优秀报告"奖,研究生杨金昌、黄晓曼获得中国农技协科技小院联盟2020年度"优秀研究生"奖,研究生张卫强、马昌城、刘有获得"中国农技协科技小院联盟优秀工作日志"奖。

　　2021年6月,平和蜜柚科技小院师生赴重庆参加科技小院联盟建设工作经验交流研讨会,研究生刘有向大会汇报了中国农技协科技小院联盟研究生联合会建设情况，介绍了研究生联合会前期工作进展与后期工作开展方向，并表示将作为第二届农技协科技小院联盟研究生联合会会长，联合各个科技小院的研究生们，充分利用科技小院这个大舞台，发挥科技小院优势，更好地服务三农。

科技小院是一个平台，为农民带来收益的同时，也扩宽了学生的眼界。农业生产一线的问题需要理论与实践相结合，科技小院师生驻扎生产一线的同时，积极参加相关培训，相互借鉴全国科技小院的成功经验，在互通有无的过程中发现不足，在交流借鉴的过程中传递经验。同时，科技小院师生积极参加学科领域内的学术会议，在学习新知识的过程中与实践相结合，再到生产实践中去验证，达到理论-实践相结合的要求。此外，科技小院师生在长期深入田间地头的过程中，积极向农户讨教学习，锻炼个人意志，逐步成长为既能提笔写论文，又能下地干农活的"小院人"。

三、云边种柚，青春闪光

（一）初见云边

"云边"二字来自宋朝诗人许月卿的《云边》，"云边人种麦，天际我归舟"，云边人认定这就是"云边人种柚"。在平和蜜柚科技小院首席专家吴良泉的指导下，作为平和蜜柚科技小院的专属品牌，云边小院秉持为农服务初心，融合环境保护，开拓创新销售模式，助力三农事业。团队成员来自各个专业，想法与创意不断，历代云边人（图4.15）一直保持着最年轻、最饱满的姿态。团队通过组建实践队调研、普及蜜柚种植相关知识（图4.16）和实地走访试验基地（图4.17），与农户、农技人员一道，共同为一份"绿色"的事业奋斗。

刘东晖
2016级农业资源与环境本科生
项目品牌市场开发及公共关系

李煌辉
2016级农业资源与环境本科生
项目品牌营销方案及团队财务工作

张艳婷
四川大学2016级本科生
微信端小程序的开发及技术数据维护
2017级环境工程本科生
项目品牌宣传及文化建设

谢建雄
2017级环境科学与工程研究生，品牌创始人
研究方向：福建省磷素养分流动情况分析

韦振朝

（第一代　云边人）

项目负责人 张艳婷
曾参与省级创业实践项目，举办策划记者节、主题游园等大型活动。

黄晓曼 硕士
技术部

郑耀
空间信息与数字技术专业
营销、信息部

肖锦
环境工程专业
市场部

徐舒怡
环境工程专业
宣传部

朱娟
农业资源与环境专业
财务部

（第二代　云边人）

林铭泓 宣传部
公共事业管理专业

张捷 策划部
环境工程专业

徐彤 运营部
环境工程专业

庄哲 项目负责人
农业资源与环境专业

黄建雄 创意部
环境工程专业

连佳丽 市场部
空间信息与数字技术

张佳慧 财务部
会计学专业

（第三代　云边人）

图 4.15　历代云边人

图 4.16　云边小院实践团队调研、普及蜜柚种植相关知识

图 4.17　云边小院实践团队实地走访试验基地

（二）走进云边

平和琯溪蜜柚驰名海内外，是中国驰名商标和名牌农产品，欧盟十个地理标志保护产品之一，栽培历史悠久。在销售和品牌发展方面，调研结果显示，琯溪蜜柚存在：销售模式单一，营销公司规模小，实力薄弱；电商、直播等新型营销模式冲击传统销售模式；"平和琯溪蜜柚"品牌保护力度弱等问题。当地商户收购外地蜜柚运输到平和以"平和琯溪蜜柚"的包装抢先销售；外地商家肆意使用"平和琯溪蜜柚"品牌，而无任何追责。消费者有意识消费"平和琯溪蜜柚"，但却无法辨别买到的产品是否真正出自平和。

针对现存问题，云边小院提出将蜜柚种植、销售、品牌建设、副产业开发、生态旅游、自媒体、电商直播等进行有机融合，以科技小院为技术支撑，融合绿色农业可持续发展理念，推动琯溪蜜柚品牌建设，引导农户标准化种植，助推农民增收。

云边小院开展全程免费田间配方施肥方案制定和田间管理技术指导，实现种-收-销-保一体化绿色链条生态；开发自营高质量品牌化产品，为消费者提供首选产品保障；开展优质产品限量供应，向深加工方向延伸，结合生态旅游，因地制宜分类推进美丽宜居乡村建设，开发绿色生态产品和服务产品，发展休闲采摘、观光等新产业形态，将生态优势转化为经济优势。

（三）云边品牌

云边以环保理念推动蜜柚绿色种植，设立"云边"品牌（图4.18），开展"云边"专属包装专利申请，包装（图4.19）凸显蜜柚"纯净""无污染""绿色环保"的优秀品质，提升消费者首选观感，实现品牌优化和保护，产品品质有所保障。通过科学选果，自主包装，物流统筹，产地直销，有效避免了第三方赚差价。产品溯源码进一步提升了蜜柚果品的可靠性。

图 4.18 "云边"品牌商标

图 4.19 "云边"蜜柚包装

（四）推广云边

团队将云边小院的创业故事——"'柚'见绿水青山"以舞台剧（图4.20）的形式在校"学院周"文艺晚会推出，提升品牌校内知名度；通过创业校宣讲在高校间传播平和蜜柚科技小院强农、兴农重要成果；拍摄"云边小院"官方宣传片和短视频，向消费者传递绿色生态蜜柚理念。

图 4.20 "'柚'见绿水青山"舞台剧

云边团队熟练运用微信公众号、短视频平台、软文推广等方式，开展品牌活动策划（图4.21）；通过网上直播，向客户广泛或者精准推送消息，打造品牌形象、提高知名度；充分利用粉丝效应，营销带动蜜柚产业、打开市场。

图4.21　云边小院宣传

同时，云边团队与代销商家合作，在各大高校内超市上架新鲜蜜柚，通过商超的巨大人流量增加品牌的宣传效应；以此为基础，与更多全国连锁超市合作，提供优质稳定的货源渠道，打造完善的产品供应链。

（五）云边果实

云边果实"看得见，摸得着，吃得到"（图4.22），2019年，"云边"蜜柚礼盒销售超5000箱，经济收入约30万元，改变了14户农户共计72亩地的种植管理模式，种植销售一体化模式很大程度地增加了农户收益。

图 4.22 云边蜜柚销售

目前，云边小院创业团队已吸引30余名大学生加入，团队获得第六届福建省"互联网+"大学生创新创业大赛铜奖（图4.23），第七届福建农林大学大学生创新创业大赛金奖（图4.23），第六届福建农林大学大学生创新创业大赛银奖，第五届福建农林大学大学生创新创业大赛铜奖。云边小院

图 4.23 云边小院获福建省、福建农林大学大学生创新创业奖

的同学们敢于冒险，敢于追梦，在无数次受挫中积累经验，在无数次碰壁中总结思考，和"云边"一起成长，一起进步。

四、青春同路人——暑期"三下乡"

科技小院一直以"促服务、育人才"为目标，以推动大学生更好地了解三农，培养具有"一懂两爱"三农情怀的农科学子为己任。在"实践-理论-再实践"三段式培养模式的基础上，结合平和县蜜柚种植、农牧结合、环境保护等实地发展需求，积极组织开展暑期三下乡实践活动，让本科生与长期驻扎生产一线的研究生一同开展科学研究与社会服务工作。

（1）开展实践调研，"柚"我平和护山河

2016～2017年，福建农林大学资源与环境学院/国际镁营养研究所依托科技小院组建了2支暑期三下乡实践队，赴平和听专家讲蜜柚的种植历史（图4.24）开展蜜柚施肥等现状调研（图4.25）工作。同时实践队员深入柚园采集土壤样品（图4.26），汇总分析土壤养分含量，初步明确了平和柚园土壤养分含量现状，深入剖析了当前施肥状况对土壤健康的影响。

图4.24　平和蜜柚专家给实践队员讲解蜜柚的种植历史

图 4.25　实践队员开展蜜柚施肥现状调研

图 4.26　实践队员取土样与土样前处理

实践队深入芦溪、九峰、霞寨、坂仔、小溪、山格等乡镇，走访近224户农户，获得有效问卷96份，采集土壤样品41份、水样品78份，撰写实践日志75篇，获未来网、大学生网等12家媒体报道，微信微博推送累计35次，单篇浏览量最高达8000余次。

（2）探寻平和农牧养分流动，推动农牧资源高效利用

福建省畜牧业面临产品结构不合理、环境污染严重的压力，处于重要转型期，需要一手抓畜牧业结构调整，一手抓畜禽养殖污染治理。量化全省农牧环节磷素流动排放和迁移风险阈值，明确磷素流动循环综合因子，对合理制定区域耕地土壤磷肥优化管理措施、实现化肥科学减量施用，具有重要的指导意义。

2018年，依托平和蜜柚科技小院，福建农林大学资源与环境学院／国际镁营养研究所组建"赴平和县农牧养分流动与环境排放调研实践队"进驻平和县境内农场，对畜牧产业的饲料来源、组成、固废物（粪便）的处理方式以及农牧结合情况等进行调研（图4.27）。另外，实践队还自制了腐熟肥宣传册（图4.28），介绍腐熟肥的优势及其不同制作工艺。

"三下乡"活动历时5天，走访5个乡镇，调研29家养殖场，采集274份粪便样品。在五天的调研过程中，实践队员对全县各乡镇养殖场规模和

图4.27　农牧养分流动实践队在调研与采样

图4.28　实践队自制腐熟肥宣传册

养殖情况有了初步了解，对不同品种猪饲料、猪出栏时间、各养殖阶段养猪废弃物处理工艺、农牧结合方式等进行了充分调研。

（3）生态振兴助发展，防污护水兴平和

平和农户化肥投入严重过量，土壤硝酸盐含量严重超标，水体富营养化问题凸显。明确平和水体污染现状，对实现生态环境绿色发展，调整农业种植结构具有重要意义。

2019年，平和蜜柚科技小院组织开展以"美丽中国"生态振兴为主题的暑期三下乡实践活动。抽样检测全县60%的水体，包括地表水、地下水和饮用水（图4.29），围绕环境污染、水资源保护等内容，开展防治水污染知识科普工作（图4.30）。旨在通过详尽的水质检测报告，向农户警示过度使用化肥带来的危害，唤起人民群众的水源保护意识，推动农户减肥护水。

图4.29　防污护水实践队员采集水样

图 4.30　防污护水实践队组织开展科普宣传

实践活动为期八天，实践队员们通过各种方式采集水样，积极向农户开展水污染防治科普宣传。以水系情，心归平和，平和蜜柚科技小院与实践队员们一直在行动。

（4）探寻平和绿农服务与电商扶贫，助推平和农业"互联网＋"再发展

在电子商务进农村综合示范工作的积极推动下，平和县建设农村电商服务站点100个，规模居全省首位，120位农村服务站点负责人开设网店，从事农产品线上业务。2017年，依托平和蜜柚科技小院、国际镁营养研究所，以培养学生创新创业精神为目的，组建了一支以"服务三农，电商创新，保护水源"为目标的大学生暑期三下乡实践队。实践队赴平和开展农户调研（图4.31）与工厂参观（图4.32），走访乡镇了解蜜柚市场，结合所学知识向农户宣讲蜜柚种植提质增效技术和农村电商扶贫政策，总结返乡创业青年心路历程，并且协同参与平和琯溪蜜柚品牌推广。

（5）科技小院＋暑期"三下乡"社会实践荣誉概览

依托平和蜜柚科技小院平台，大学生暑期"三下乡"社会实践服务队不仅得到了广大农户的好评，也得到了当地政府的充分肯定，多次获得团中央表彰（图4.33），相应实践团队荣获"2017年、2019年全国大中专学生志愿者暑期'三下乡'社会实践活动优秀团队"称号（图4.34），荣获

图 4.31　实践队员调研示范田优秀农户　　图 4.32　实践队员参观蜜柚加工厂

"2016年全国大中专学生志愿者暑期'三下乡'社会实践活动全国重点团队"。同时，实践队的学生也从生产需求中提炼创新创业项目，形成了1个国家级创新创业项目（"蜜柚提质增效技术集成与创业模式研究"）和2个省级创新创业项目（"U+农服"和"加快平和蜜柚产业发展研究"），获得中国机器人及人工智能大赛奖项3次。实践队指导老师吴良泉于2015年被评为福建农林大学"社会实践先进工作者"（图4.35）。依托平和蜜柚科技小院的大学生暑期"三下乡"实践活动被人民日报（图4.36）、中国青年网（图4.37）、腾讯网、搜狐网等大型网站宣传报道百余次，总浏览量超20万次。

图 4.33　三下乡实践团队获得团中央表彰

2019 年全国大中专学生志愿者
暑期"三下乡"社会实践活动总结通报
结果公示

为推进"三下乡"社会实践活动持续深入开展，在实践育人中发挥更加突出的作用，团中央青年发展部决定对在 2019 年全国大中专学生志愿者暑期"三下乡"社会实践活动中表现突出的集体和个人开展总结通报工作。经基层申报、省级团委审核推荐、组织议评等环节，最终遴选出清华大学团委等 300 个优秀单位、北京理工大学甄村实学实践团等 400 个优秀实践团，同时遴选出优秀指导教师徐瑜青、优秀工作者刘渊、优秀实践者杜倚娜等 200 名优秀个人。

现将总结通报结果公示如下。任何单位和个人如有问题，请在公示时间内反馈至工作邮箱（tzysjjyc@126.com），以便于核实、反馈有关情况，请提供真实姓名、联系方式和工作单位。我们将严格遵守工作纪律，履行保密义务。

公示时间：2019 年 11 月 25 日至 29 日

附件：
1. 优秀单位名单
2. 优秀团队名单
3. 优秀个人名单

团中央青年发展部
2019 年 11 月 25 日

宿州学院蘑菇带动地方产业，实践绘就青春梦想——宿州学院生物与食品工程学院地方蘑菇类产品综合开发调研实践团赴宿州萧县社会实践

黄山学院青春助力乡村振兴安徽三联学院赴明光市尹集村新农村建设调研团队

蚌埠学院"阳光天使"教育关爱服务团

福 建

华侨大学优秀学生树鹭桥实习实践团

福建医科大学研究生院健康扶贫赴闽西老区硕博实践团

福建幼儿师范高等专科学校外语系三下乡实践团

福建工程学院赴福安溪柄镇革命精神宣讲实践团

闽江学院扶贫特别行动实践队

厦门大学"青春卫士"暑期社会实践队

闽南师范大学"平安卫士"暑期社会实践团

三明工贸学校学生志愿者暑期"三下乡"社会实践团队

福建警察学院益暖社会实践团

福州大学赴三明岩前镇"科技助力乡村振兴"实践队

福建师范大学风信子爱心义教团

福建农林大学赴漳州市平和县水质检测实践团

集美大学航海学院"智恩领航"暑期社会实践团

厦门工商旅游学校留夏阳光 职守未来

江 西

南昌大学艺术香樟精准扶贫暑期社会实践队

江西师范大学"习近平新时代中国特色社会主义思想大学生宣讲

图 4.34　赴平和"三下乡"团队被评为全国大中专学生志愿者暑期"三下乡"社会实践活动优秀团队

图 4.35　吴良泉老师被评为福建农林大学"社会实践先进工作者"

有品质的新闻

农林学子"三下乡"，共建美丽新福建

贵州网
2019-7-28 · 立足贵州，面向全国   + 关注

福建农林大学资源与环境学院赴漳州市平和县水质检测实践队在吴良泉导师的带领下，在漳州市平和县开展2019年暑期三下乡活动。该队伍将紧紧围绕"美丽中国"生态振兴专项行动，前往漳州市平和县进行以水资源保护为主的一系列活动。将对该县60%的水域面积进行抽样检测，包括地表水、地下水和饮用水。旨在通过一份详尽的水质检测报告反馈给当地农户水源污染情况，以警示当地过度使用化肥带来的危害，从而达到减肥护水源的目的。

图 4.36　人民日报新媒体平台报道三下乡活动

福建农林大学学子三下乡：走访五星村，科普宣传环境保护知识

2019-08-07 空称

中国青年网漳州8月7日电(通讯员 李莹莹) 7月16日上午，福建农林大学资源与环境学院暑期三下乡"赴漳州市平和县水质检测队"前往漳州市平和县开展暑期社会实践活动。实践队前往小溪镇、坂仔镇和文峰镇，围绕环境污染、水资源保护、开展自然科普宣传座谈会。

福建农林大学镶研究所吴良泉老师，中国农业大学李学赞老师带领实践队员们与五星村村支书黄瓯义和村主任赖建才讨论五星村水资源问题和蜜柚施肥技术。中国青年网通讯员 徐舒怡 摄

图 4.37　中国青年网报道三下乡活动

第五章

不忘初心　砥砺再出发

一、专家学者调研指导

**图5.1　平和蜜柚科技小院首批研究生
参加第二届全国科技小院联盟研究生
技能培训与交流会**

全国果树和植物营养等领域专家时刻关注着平和蜜柚科技小院的建设与发展，关注着蜜柚科研工作的进展。

2016年8月，由张福锁教授组织的"第二届全国科技小院联盟研究生技能培训与交流会"在云南昆明召开，平和蜜柚科技小院首批研究生参加此次暑期学习培训（图5.1）。

2016年10月，张福锁教授组织国际镁营养研究所研讨会，会上张福锁教授、陈新平教授等多位专家做了精彩的报告（图5.2），并讨论了依托科技小院助力东南区农业绿色发展的计划。

图5.2　张福锁院士（左图）和陈新平教授（右图）做报告

2017年，中国农业大学李晓林教授指导平和蜜柚科技小院选址与试验示范地选点（图5.3）等工作的落实。

图 5.3　李晓林教授指导蜜柚小院选址

2018年4月，张福锁院士组织国内外多所高校和研究单位的50多名专家和研究人员齐聚福建农林大学（图5.4）。会上张福锁院士组织国内外专家讨论了平和蜜柚科技小院的工作方案，并布置了下阶段的重点工作及计划。

图 5.4　国内外专家和研究人员合影

2018年6月，中国农业大学李春俭教授、李学贤教授等多位专家观摩考察蜜柚试验地（图5.5），对平和县蜜柚提质增效的综合管理技术集成与应用创新方案进行了仔细讨论，对长期定位试验方案提出了优化建议，并对学生的具体工作进行了部署安排。

图 5.5　专家学者观摩考察蜜柚试验地

2019年1月，澳大利亚昆士兰大学高级讲师Dr. Bettina Bluemling来到福建农林大学，给科技小院的研究生讲授自然资源管理课程（图5.6），并针对科技小院对农户认知、施肥行为的影响及具体的研究方案进行了指导。

图 5.6　Dr. Bettina Bluemling 授课

2019年7月，在第五期全国涉农高校科技小院研究生创新创业教育联盟暑期培训与交流会上，张福锁院士指导平和琯溪蜜柚科技小院学生工作，杨金昌、张卫强、黄晓曼、刘有、李梦婷和马昌城等作为蜜柚科技小院代表交流学习（图5.7）。

图 5.7 平和蜜柚小院代表与张福锁院士合影

2019年7月14～15日，国际镁营养研究所硕士研究生年中工作总结会在平和蜜柚科技小院召开（图5.8）。山东农业大学教授、苹果双减项目首席科学家、国家现代苹果产业技术体系岗位专家姜远茂教授，国际镁营养研究所常务副所长李春俭教授，国际镁营养研究所首席科学家、南京农业大学资源与环境学院副院长郭世伟教授，福建农林大学李延教授，中国农业大学李学贤教授，西南大学张跃强副教授等专家受邀参会点评。与会期间，各位专家、教授还深入试验地，实地考察了蜜柚树体生长与管理情况。时任平和县科协主席赖艺玲、副主席林忠福，坂仔镇副镇长简易妮等出席了此次总结会。

图 5.8 多所高校专家教授指导、观摩平和蜜柚科技小院

2019年11月15日，江西农业大学专家参观调研科技小院（图5.9），双方就科技小院建设和技术落地形式进行深入探讨，此次调研活动也让科技小院的建设经验和工作形式走出平和、走出福建，向兄弟省份传播，为中国农技协江西井冈蜜柚科技小院的建设提供了良好的经验支撑。

图5.9　江西农业大学专家参观调研科技小院

2020年10月18日，中国科学院专家团队深入科技小院调研农村科普工作的开展情况（图5.10），并与长驻师生召开座谈会。福建省农村科普中心主任杨金拔、原平和县科协主席赖艺玲等领导陪同调研，县农业农村局等相关部门领导、涉农企业代表参加座谈。

图5.10　中国科学院专家团队调研农村科普工作

2020年10月27日，中国科学院植物研究所副研究员、生物统计学专家赖江山博士（坂仔籍）到访科技小院（图5.11），坂仔镇镇长杨镇源、副镇长林光辉与简易妮、平和县教育局原局长陈耀灯、育才中学书记赖金才、平和五中校长赖跃平陪同参观。

图 5.11 中国科学院植物研究所副研究员赖江山博士到访科技小院

2020年12月27日，中国农技协副理事长张建华（原中国农业大学副校长）、中国农技协秘书长、中国农业大学资源与环境学院教授李晓林一行莅临科技小院参观调研（图5.12），并在中国农技协蜜柚绿色优质高效栽培技术研修班开班仪式上致辞。

图 5.12 中国农技协领导张建华、李晓林教授一行莅临科技小院（附彩图）

2021年1月20日，福建省科技厅农村科技处处长王志峰，福建农林大学根系生物学研究中心主任、教育部长江学者特聘教授廖红一行来到科技小院（图5.13），就科技小院建设及科普开展情况进行调研。

2021年3月18日，福建省农业生态环境与能源技术推广总站站长赵杰樑、福建农林大学资源与环境学院院长周顺桂教授、福建农林大学根系生

图 5.13　福建省科技厅农村科技处处长王志峰一行莅临科技小院

物学研究中心主任廖红教授一行在副县长王振惠、县科协主席赖艺玲、坂仔镇党委书记杨镇源等同志陪同下，来到科技小院调研（图5.14），与科技小院师生、种植示范户面对面深入探讨产业问题共促减肥发展。此次也是赵杰樑站长第二次到小院调研。

图 5.14　福建省农业生态环境与能源技术推广总站
站长赵杰樑一行莅临科技小院（附彩图）

二、媒体报道

平和蜜柚科技小院的宣传工作离不开中国科协、中国农技协、福建省科协、福建省农技协的大力支持和全力推动。平和蜜柚科技小院工作得到了媒体的广泛关注，中央、省、市、县各级媒体频频报道平和蜜柚科技小院工作，极大地推动了平和蜜柚科技小院技术的广泛传播，越来越多的人关注平和蜜柚科技小院的工作，越来越多的人来到平和蜜柚科技小院交流和学习，把平和蜜柚科技小院的技术学会、带走，使其传播得更广、更远，让更多的农户受益。据不完全统计，平和蜜柚科技小院累计被报道30余次，其中省级以上媒体报道10次，央视媒体报道2次。

2019年3月，中国科协报道福建省召开科技小院建设工作座谈会，就福建省推进科技小院建设问题进行广泛探讨。同年6月，福州市人民政府就5个农技协科技小院落地福建进行报道，东南网（图5.15）、腾讯大闽

图 5.15　媒体报道小院成立（东南网）

网、海峡网、闽南网、平和网等多家媒体集中报道平和蜜柚科技小院成立的新闻，为科技小院工作的开展做了充分的媒体准备。

2019年9月，中央电视台二套财经频道《经济半小时》栏目科技促丰收节目（图5.16），详细报道了平和蜜柚科技小院师生驻扎在五星村，零费用、零距离服务农户，推广蜜柚化肥减量施用的做法。10月29日，东南网就平和蜜柚科技小院成立后给果农带来的增产技术做了详细报道。

图 5.16　央视《经济半小时》栏目报道平和蜜柚科技小院

2020年疫情期间，科技小院通过公众号积极向大家在线传播种植经验。福建省《乡约科普》栏目以"'琯溪蜜柚'绿色提质增效施肥技术"为题（图5.17），向全省蜜柚种植户推广小院"减肥压酸、补镁增效"绿色技术，视频在平和当地滚动播放，播出后反响强烈，极大地促进了技术的

图 5.17　《乡约科普》栏目报道"'琯溪蜜柚'绿色提质增效施肥技术"

传播，让更多的农户认识到平和蜜柚科技小院，学习到蜜柚小院的提质增效施肥技术。

2020年8月，人民网详细报道了福建省推进科技小院建设工作，将平和蜜柚科技小院建设经验作为典型案例在全省做推介，为福建省第二批小院建设提供了经验支撑。8月底，东南网推出了"科技小院打通科技成果转化'最后一公里'助农促丰收"节目，小院成熟的技术得到了更广泛的推广，技术被更多的人知道、应用了起来。9月25日，由平和蜜柚科技小院联合驻地五星村村委共同举办的五星村首届蜜柚节得到了中国科学技术协会（图5.18）和福建省科学技术协会的报道。2020年中国农技协十佳科技小院评选中，平和蜜柚科技小院斩获殊荣，科技小院常驻研究生入选最佳研究生，福建农林大学对此进行了详细报道。

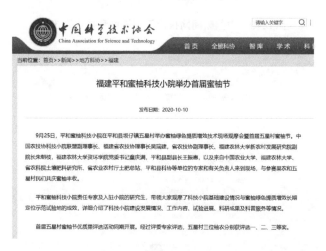

图 5.18　中国科协宣传报道科技小院首届蜜柚节活动

2021年是平和蜜柚科技小院挂牌后的第三年，也是"减肥压酸、补镁增效"技术实施的关键一年。中国新闻网、和讯网、华侨网、福建农林大学资源与环境学院以"林语堂故乡蜜柚迎花期　平和科技小院'减肥'忙"为题详细报道了平和蜜柚科技小院的减肥技术（图5.19）。中国青年网、中国网以"科技助力乡村振兴再出发｜科技让'八闽大地'生长出看得见的力量"为题,报道了平和蜜柚科技小院在乡村振兴中做出的重要贡献(图5.20)。

图 5.19　中国新闻网报道平和蜜柚科技小院工作

图 5.20　中国青年网报道平和蜜柚科技小院在乡村振兴中的贡献

2021年4月,《闽南日报》和漳州新闻网以——坚持"零距离、零时差、零费用、零门槛",致力产学研用融合"科技小院"成了平和柚农智囊团为题(图5.21),报道了科技小院常驻平和开展"四零"服务,为农户免费零时差地传经送宝。

图 5.21　《闽南日报》和漳州新闻网报道科技小院

　　2021年7月，中央电视台十七套农业农村频道《三农群英汇》以"蜜柚减'肥'记"为题（图5.22），报道了平和蜜柚科技小院推动平和蜜柚减肥，实现产业绿色可持续发展的工作，节目创2021年以来收视率新高。这是时隔一年后，平和蜜柚科技小院再次登上中央电视台，此次报道既是对

图 5.22　央视报道宣传科技小院蜜柚减"肥"技术

平和蜜柚科技小院工作的肯定，更是对驻扎蜜柚生产一线师生们工作的最好检验。

2021年6月11日，平和蜜柚科技小院吴良泉老师入选2021年中国农技协科技小院联盟"最美科技工作者"，获《福建日报》等媒体报道（图5.23）。作为中国农技协平和蜜柚科技小院首席专家，吴良泉老师充分发挥科研团队优势，凝聚师生力量，努力科研攻关，建立了"减肥压酸、补镁增效"的蜜柚绿色提质增效技术。

图 5.23　吴良泉老师荣获中国农技协科技小院联盟
"最美科技工作者"荣誉称号

2021年11月11日，基于在落实科学普及与推广技术应用方面的突出表现，福建平和蜜柚科技小院荣获福建省科学技术协会"2021年度优秀科技小院"，并被福建日报报道（图5.24）。平和蜜柚科技小院将秉持初心，继续深扎一线，持续推广蜜柚绿色增效技术，持续开展科普服务，以实际行动服务平和乡村振兴。

图 5.24 平和蜜柚科技小院获"2021年度优秀科技小院"

三、科技小院之歌

她是黄晓曼

青春向阳生长，沐浴爱与光

那些朴素而可爱的人儿，那些细小而伟大的事情，那些丝丝缕缕的呵护，注定在我的生命中持续闪光，温暖并照亮我前行的路！ ——黄晓曼

"黄晓曼！"我的双脚刚踏进科技小院的大门，身后就传来月理阿姨跨山越海的呼喊，不禁心头一颤。每次回到这个令人想念的地方，总有一种阔别重逢的感觉。云彩还是在绚丽地变幻，繁星依旧闪烁如宝石，可

爱的人儿仍期盼你的回归。

第一次到平和，是给试验地施肥的时候。那时我们还没有容身之所，只能暂住在县城的酒店里，每天追赶七点半的公交车到达坂仔，之后要走半个多小时的路才能到试验地。清晨的乡路清凉舒适，一群人头顶着阳光，手提着工具，脚踏着清风，学着当地人的模样，一头扎进郁郁葱葱的蜜柚园里。

噼噼啪啪，是锤子击打土钻奏响的乐章；嘻嘻哈哈，是我们尽情挥洒汗水后欢乐的笑声。待到夕阳的余晖映照在每个人的脸上，我们开始和时间赛跑，争取在最后一班车发动前抵达坂仔桥头车站。透过车窗看着渐渐远去的人群，夜幕悄然降临，一天的忙碌也随之告一段落。在这争分夺秒的往返中，沿途的风景仿佛被按下了加速键，大街上来来往往的人也变得模糊起来。随车而动的灵感在脑海里稍纵即逝，像扑朔缥缈的蝶影，待到伸手探去时，早已消失不见。

好在日子总是向前走的，2019年6月14日，盼望已久的"中国农技协福建平和蜜柚小院"终于揭牌啦！在各方力量的携手推动下，我们终于不用再"流落街头"，也开始了正式入驻五星村的生活。

清晨，远处的大山弥漫着一层薄雾，透出一丝清冷，尽管天还没亮，但东方却已露出了鱼肚白，我们踏着露水潜入蜜柚林，四下虫鸣声起，勤快的蜘蛛早已摆好了餐具，细密的蛛丝在树梢间一晃一晃的，隐隐透出光亮。"嘿，你们这么早就开始干活啦？"窸窸窣窣的脚步声由远及近，一位头戴斗笠，嘴叼香烟的中年男子走了过来，原来是住在试验地附近的村民。"平日里没见几个研究生，这么早在地里看到你们也是稀奇"。听到叔叔的疑惑，我指了指头顶那仿佛能穿透世间万物的太阳光，笑着回答："不早点来中午会受不了的"。眼前那张古铜色的脸突然就在眼角处皱出了几条线，"哈哈，这里的天气是这样的，你们要做好准备哦"。

等我回过神来，太阳已然爬上了电线杆。一旦阳光突破山脊的遮挡和云层的掩盖，一股令人体感十足的热浪便扑面而来。尽管我们常被提醒这里天气的多变，但也难免有大意的时候。正当我们庆幸阳光这道利刃即将打破四周的寂寥无影时，一场毫无预兆的洗礼劈头盖脸地扑了过来。我们眼看着柚子叶一片片被打湿，娇柔的青草变了脸色。诗曰"东边日出西边雨，道是无晴却有晴"，天若有情，肯定是个怪脾气的主。不一会，先前趾高气扬的乌云终究还是抵挡不住太阳的光芒，悻悻地抱团散去，大地又恢复了金光万丈，柚子园里干净得锃亮。这样的天气时常让人既无奈又不得不适应，谁让这里是有小气候著称的闽南呢。傍晚，夕阳西下，大地暂时褪去了热气，采收工人们组成一列车队，拥挤而有序的行驶在路上。入夜，月亮升起，柚林尽头闪烁着白光，载满希望的大卡车循着蜜柚大棚里隆隆响的机器运转声，远远驶来，月光也跟着洒了一地。

小院的日子总是充满阳光和雨露，阳光带来温暖，雨露则滋润心灵。也正因为拥有这样美丽的一方水土，才养育出如此"平和"的一方人。

仔细想来，缘分真的是很奇妙的东西。才在小院待了一年多的我，竟然多了几位"亲戚"，每每回想那些难忘的时刻，我都会忍不住窃喜。

林新民，一开始听说这个名字，只因为他是传说中与小院有段曲折合作故事的"林师傅"。没想到，不到一年的时间，我就有幸成了这位小院名人的干女儿。刚到小院的我们，总是逮着机会就朝他"叽叽喳喳"："这片叶子怎么会这样？""什么时候剪枝比较好，要怎么剪呢？""为什么套蜜柚的袋子下面有个洞？"……听到这一连串的问题，干爹总是耐心地给我们解答："这是潜叶蛾咬的。""小寒前后剪枝合适，这边是剪掉徒长枝，长枝短剪，剪上不剪下。""袋子下面的洞是为了让雨天的积水流出去，帮助柚子透气，防止闷坏。"我们第一次给蜜柚套袋，也是干爹手把手地教的我们。在干爹的耐心解答和细心指导下，我们学到了许多文献中看不到的实践经验，也深刻体会到蜜柚生产管理中的诸多不易以及进行科学总结的必要性。

若是在距离小院十几公里外的高山上突遇暴风雨，干爹便给我们披上自制的塑料薄膜袋雨衣；若是拿不住蜜柚的套袋，我们就背上干爹缝制的编织袋斜挎包；若是在地里干活被烈日突袭，我们就戴上干爹送来的遮阳帽；若是把衣服落在了山上采样的地方，干爹便二话不说跨上摩托车帮忙找回来……我猜干爹年轻时一定是个超级大暖男，开得了山，造得出伞。也不清楚这种感觉是什么时候开始有的，只知道有干爹在身边，我们就很安心。

"不吃饭"仿佛成了我在小院的标签，每到饭点，恰好遇上脑子飞速运转，若是这时候离开月理阿姨的视线，手机就会猛烈振动起来。"晓曼同学，晓曼同学，吃饭吃饭！""晓曼晓曼，来吃饭喽！"微信语音那头调皮的语调让人隔着屏幕都能扑哧一声笑出来，我只得赶忙朝着饭香的发射中心跑去。有时候我们做菜忘记买葱，阿姨便到菜地里掺了一把送来；修土筛缺一颗钉子，阿姨打开小工具盒让我们自己选；小院的工具被村里人借走，阿姨怕我们回去要用找不到，还特意打了电话告知；实验室的记录本被调皮的小孩子扯下，阿姨看到了便捡起来放好；在地里干活突然下雨，我慌慌张张跑回小院却发现阿姨早已帮我们把衣服悉数收进房间。我常常想，等我到了阿姨这样的年纪，能否也像她一样有趣。就像电影《刺猬的优雅》里外向版的米谢太太，阿姨那幽默、坚强、细腻，外表平淡无奇，内心却丰富无比的魅力时刻感染着我。

"晓曼你回来啦？好久不见你啦！"推开房门，迎上的便是黄国义书记超级无敌可爱的灿烂笑脸，每次看到书记都很想捏捏他的脸，有时候还忍不住感叹：怎么会有这么可爱的书记啊。打完招呼，书记一边烧水泡茶，一边关心我的饮食起居，看我没杯子喝水，书记递给我一个玲珑小巧的全新保温杯，嘱咐我再忙也不要忘了喝水。有时候想起书记，打电话问候他，书记都开心地像个小孩一样："真好，常联系，在外边生活和工作之余来个微信我就特高兴的。"

第一次在村委会见到赖建才主任时，隐约觉得他有些严肃，让人说话都不禁降低了几个音调。哪知道主任之于书记，是另一番可爱。除了经典的"哈哈哈"表情包，主任看到我们也总是发出爽朗的笑声，也总是用生动的比喻侧面表扬我们的劳动成果。和书记一样，主任也对我们关爱有加，经常叮嘱我们出门在外要注意安全，告诉我们为人父母，在外见到与自己的儿女年龄相仿的孩子，总喜欢唠叨几句。

赖国生叔叔是五星村的纪委主任，虽是负责村里的组织纪律工作，但国生叔叔却特别平易近人。只要有空，国生叔叔就会邀请我们到家里喝茶，有时候会支起炭架请我们吃烧烤；从山上挖了鲜笋，刚挂掉电话叔叔就把刚出土的鲜笋送到了小院；家里的香蕉熟了，叔叔也是马上割了一串送过来；碰上当地举办庙会，国生叔叔还会驱车带我们到几公里外的村子"凑热闹"。

赖月香阿姨是五星村的妇女主任，决定到小院常驻的前一天，阿姨就走到我面前腼腆地说："有什么需要帮忙的尽管开口，以后都是五星人了。"其实，不仅仅是同为五星人这么简单，阿姨的关心经常让我有妈妈疼爱女儿的感觉。每次"五星一家亲"聚餐，阿姨都是掌勺的大厨。她会先骑上摩托车载着我到镇上买好多菜，再抓一只鸡，麻利地处理好煲出一锅鲜味十足的营养汤，还能把几样家常小菜炒得色香味俱全。在得知我的膝盖也和她以前受伤时那样不利索后，月香阿姨马上帮我联系了理疗医生和到诊所的私家车，盼着我早点恢复。有时候在体验"温泉疗法"的路上撞见月香阿姨，阿姨都是皱着眉头用闽南话"数落"走在前边的月理阿姨："晓曼脚那样，你怎么能带她走夜路去！"说罢便朝我拍拍摩托车后座，喊我上车，载我回到小院。路上还不忘念叨："有车就坐车，少走路。""不舒服就来我家吃饭，自己做不方便。"……等治疗完脚，阿姨便拉着我到家里，还没等我反应过来，她就开始翻箱倒柜找配料要给我做夜宵。我想上前阻止，阿姨却说："很快就好，反正你也没那么早睡，怎么样都得吃饭才行。"啪嗒一声，煤气炉发出明媚的火光，蒜末和猪油敲响激昂的乐章，阿姨有力的双臂颠动着锅铲，等回过神来，一碗色香味俱全的海鲜炒米粉就被端到了我面前。有那么一瞬间我的眼睛开始发酸，透过连接餐桌和灶台的方窗，阿姨忙碌的身影像极了妈妈。炒米粉的香味在厨房里肆意弥漫，味道是那样的似曾相识。这样的日子如同披戴繁星点缀的泉眼，碧波璀璨又源远流长，我从来都不敢祈求长久拥有，唯有时刻心怀感恩。

副村主任赖镇河是个年轻的帅小伙，接触后才发现还是个充满活力、有想法、负责任的年轻的帅小伙。初见不知，掌管着村中要务的他竟然和我们是同龄人，不仅如此，他还在篮球场上尽显飒爽英姿，"拉杆""隔扣"，各种篮球技能不在话下，只要和他一队，每局必胜，于是大家纷纷改口称他为"镇哥"。当得知我们是蜜柚销售小白的时候，镇哥向我们分享了自己前几年做电商的经验，还为我们提供了许多新颖的想法，看到短视频的宣传效果不错，他便带着拍摄机器到试验地里帮我们录制田间视频。刚毕业就回村里建设家乡，镇哥身上这种新一代青年的担当精神一直是我们学习的榜样；小院篮球场上的漆线也是镇哥用CAD软件按比例画出来后刷上的，中场线圈内的大字是书记亲手写上的，"科技小院"四个金灿灿的大字吸收着日月精华，愈发锃亮。

在五星村，书记和村主任像我们的兄弟，可以一起调侃、高歌、嬉笑打闹；国生叔叔像大家的爷爷，亲切和蔼地带着我们这些没见过世面的小朋友拓宽视野；月香阿姨则像妈妈，在你饥肠辘辘的时候为你准备可口的餐食；镇哥像我们的好朋友，和我们一起玩耍，一起学习，时不时为你增添新鲜的思维力量。朴实好学、善良温暖、正能量和责任感像清凉的五星风，一缕缕吹拂着我们时而浮躁的心，面对这样温暖而有力量的科技小院，我们还有什么理由说做不到呢？

一颗调皮的柚子，大概是忍受不了蜜柚袋的闷热和阴暗，扑通一声跳下清凉的溪水，在溪流中翻滚飘荡的样子不亚于我们开着三轮车飞驰在乡道上的喜悦。每当三轮车出现在镇上的时候，无论是商店老板还是五金店老板，抑或是大街上问路的村民，总是一脸新奇地看着我们。"你们是农大的学生吧？""是的叔叔，我们是科技小院的学生。""科技小院？那是做什么的？""你们是五星那个科技小院的吧。""什么时候有空可以到我家地里看一下吗？""什么时候再开培训会呀？""只要为了科研，这里的柚子随便采！""研究成果最重要，需要我帮忙的我都会尽力支持。"每当我们有求于村民时，他们总是竭尽所能地给我们提供帮助，甚至还想把自家的柚子园提供给我们做试验。"你的我才帮忙切割，别人的会污染环境。""美女到哪里都有人帮忙，老板都亲自替你打磨铁片。""一般这种东西人家都不愿意做，是因为跟你们熟，知道你们是带着情怀来平和做事才帮忙的。"即使有时候我们给工匠提的要求有点钻牛角尖，但是他们都会耐心地听完我们的想法，再根据自己的经验提出许多专业的建议。"长驻小院是一件很需要勇气和决心的事情！""这样的研究才有意义啊，你们真的太认真了。"

从第一次见面的陌生到后来买个早餐都能被认出来，我们在多次人脸识别后也和村民们越来越熟悉。镇上杂货店的老板娘总是乐呵呵地跟我们说："每次看到你们坐在三轮车上说说笑笑飞驰而过的时候，都感觉好浪漫。"

让我们能在平凡的日子里浪漫起来的，应该是在这里善良的人儿呀！就像埃斯皮诺萨所说的：我一直相信生命中有一些人，他们爱你，给你养分，而当你失去他们时，没有任何人能填补那块空白。既然害怕失去，当下就要好好珍惜，以加倍的真诚和热忱拥抱这些可爱的人儿！

他是马昌城

语堂河畔青春小院人

马昌城

2019年入小院至今，已然两年余，期间经历了从不熟悉，到熟悉，再到难舍。从看到一个又一个陌生的面孔从小院进进出出，到后面能够精确地叫出每一个人的名字，再到现在，已经能够如家人般坐下共话未来。

科技小院作为科技消息的传播地，从宏观政策到科学种植，再到农户家里的蜜柚树，我从中学习和收获了很多。

还记得初到科技小院时，我就被大家聚在一起分享蜜柚种植经验的画面所打动，但是却不知道自己能够做些什么，不知如何去回答蜜柚生产中的一些问题。尤记得第一次去农户地里取土，柚子叶片缺镁现象明显，农户顺带问了一句"这个叶子黄化不知道缺什么元素，你们知道吗？"我当时脑海中飘过很多缺素的症状，唯独忘记了叶脉间失绿是缺少镁元素，一时窘迫，支支吾吾地说不出个所以然来。当自己在实践过程中发现无法对应理论中的知识，回头去查找解决时，这种记忆是极其深刻的。在这样一次又一次的考验中，身为小院人的我掌握了蜜柚环割、剪枝、施肥、病虫害等一系列知识，为更好地帮助到柚农做了充分的积累。

当对小院工作熟悉后，我便想着向大家分享科技小院在蜜柚施肥上得到的研究成果。当我兴致勃勃地向不了解科技小院的农户推荐减肥方案时，起初大家都是半信半疑，甚至有些农户对我们所做的工作充满了不理解，更有甚者还认为我们其实就是在推销肥料产品。我们只好一遍又一遍地向他们解释什么是科技小院，我们为什么做"减肥"工作。经过我们深入了解，发现了不愿意采用我们方法的农户心理主要有三种：一是完全不相信在如此少的肥料投入下能够产出那么多柚子；二是大家觉得有可能，但是在观望，需要大家都这么做了，他才愿意开始尝试；三是觉得这个有可能，但是他不愿拿着一年的饭碗钱的风险去节省化肥那一点钱。在了解到他们的心理时，我也很迷茫，我们这么做到底是为了啥呢，万一减产了怎么办，我们能负责吗？

我一直在寻找答案，去看我们试验基地，发现同样方法处理下，试验基地的柚子树减肥后相比于上一年有更好的状态，这让我对小院的减肥措施充满了信心。随之而来的是第二个问题，我们为什么要提倡大家"减肥"呢？这个问题困扰了我很久，一次偶然的机会，我发现农户们不愿意直接使用自来水，有饮用需求时，他们总是从家里面接那些没有种植蜜柚的地方的自来水，或者有些干脆就直接购买矿泉水。原来，他们也在怀疑，在大量施用化肥的情况下必定有大部分的盈余养分进入到水体中，他们也害怕水体不安全！这样我坚定了信心，找到了提倡并推广减肥的意义！减肥不仅用更少的肥料去获得足够的产量，还能够保护土壤环境、水体环境，实现可持续发展。想通了这些，我们就更有底气进行宣传，向农户们介绍减肥方案的同时，举出一个又一个活生生的例子佐证，征服了大部分的农户，他们表示愿意尝试，我的成就感也油然而生！

在小院开展工作，不但能够收获知识，还能收获一批志同道合小伙伴的友谊，收获无私帮助我们的叔叔阿姨的温暖。当大家在一起做完一个项目，那份自豪感充斥内心；当大家遇到难题，求助叔叔阿姨时，那份安全感让我安心；当心情低落时，大家给你带来欢乐时的开心。这些都时时刻刻地感动着我，温暖着我。在遇到蜜柚相关问题时，有老师的解答，还有各位柚农叔叔的倾囊相授，生活上为我提供各种帮助的新民叔叔和国生叔叔。当然，还有狗狗——"柚柚"，这个小生命从被捡回来时就非常依赖我们，这种依赖如同我们对小院的依赖一般，在你心情低落时她总是默默地趴在你的身边；当你出行时，又总是跟在你的身后，深怕你会离开她。这种依赖的关系也正如同我准备离开小院的心情，充满着感恩，充满着不舍，回味依然。

她是周慧梅

青春在平和的人情、柚海里

在小院熠熠生辉的日子里，肆意地爱与被爱着，溢满心田的温暖与回忆，充满着喜悦与欢乐！

——周慧梅

连绵不断的山峰、磕磕绊绊的归途，披着星光、戴着夜色，提着编织袋、拿着记号笔，身边跟着"柚柚"，刚到小院耳边就响起了月理阿姨的声音："还没吃饭？"小院的日常工作和生活虽让人身体疲惫但却十分心安，夜晚的微风也变得格外凉爽。从之前到现在，我很庆幸加入科技小院的这个决定，心底感激在平时帮助和鼓励我的老师、同学以及村里的叔叔阿姨。我个人的成长和收获离不开遇见的每一个人，只是来日方长，我们慢慢体会。

初来乍到

我是在当代农村发展潮流下孕育长大的，从农村走出来的大学生，身上也有着农村学子的典型特征。2019年踏进平和土地的那一刻起，朴素的农村风貌和心中"高大上"的试验基地场景之间产生极大冲突，心底有东西在萌发和变化。

小时候想当科学家，爸爸妈妈给我买喜爱的科学图书，科学家是穿着白大褂、使用彩色试剂、多样的瓶瓶罐罐……然而，初到小院的第一天，老师们给我们教授的是土壤、果树、枝条和肥料。正值七月中旬的中午，田里还没开始现场教学，思绪早就在山脊上、柚田里、农民叔叔阿姨们黝黑的脸庞上和拎着的巨大水瓶上跑了一圈。"周慧梅，你说实验地和旁边柚田的树有什么区别？"王明老师的问题把我的思绪拉回试验地，我左看看右看看，在老师的引导下才发现我们实验地的新梢比旁边农户家的少，病虫害也亦如此，我羞愧地低下头，"要有一双善于发现问题的眼睛。"王老师的声音响起，我抬起头，老师人却已经走远了。这是收到研究生通知书以来上的第一堂课，不是在学校有空调的教室，而是在养活平和农民的蜜柚地里。我开始学着观察身边的事物，重新审视科学研究和农业农村之间的关系。

彼此熟悉

再次回到小院已经是2020年6月了，此时的我上完了学校的理论课，疫情防控期间，我选择回到科技小院开展试验。归途总是热烈和风风火火的，我穿着外套从云南出发，到平和穿上短袖。课题组的曹振同学担当起了我回小院的交通运输使者，购买超大瓶的生活用品做好了长期住宿的打算。正式入驻后，天边的雨幕和半山腰的仙女雾带是我对平和的第二印象。

从一个人到地里看情况、一个人捣鼓盆栽方案，到有需要的小伙伴们一起去看苗，请阿姨一起栽种苗、管理苗，我和我亲爱的同学们、我亲爱的月理阿姨，彼此熟悉了起来。拥有"百果园"的国生叔叔，一到应季就会把家里的水果拿到科技小院给我们一起吃，到目前为止，我们已经尝过鸡心果、波萝蜜、小米蕉、美人蕉、荔枝和龙眼了，叔叔还会让我们拿一些给家里寄去。"哎呀！都是自己家种的，不值钱。"国生叔叔总是这么说。科技小院的电路出问题了，国生叔叔就背着小黄包来给我们修理电灯、电线，听说科技小院附近有蛇，怕我们被咬，黄书记和村干部开会提起，次日国生叔叔就背着药壶把附近一米高的草都消灭了，每次过来帮忙的国生叔叔看到我们，总是羞赧一笑，"又没啥事，小事，一下子就弄好了。"

逐渐参与到试验地的管理，我也见到了师兄师姐时常挂在嘴边的"干爹"——林新民叔叔，吃苦耐劳、把我们当自己孩子是我在林叔叔身上感受到的温暖。我干活也算是不怕脏不怕累，但是总有一些时候会需要一个值得信任的尊长来帮忙，试验地的叶面肥喷施、科技小院试验地的管理和一些其他杂事，林叔叔定是有求必应，我常常害怕因为麻烦别人自己固执地独自做一些事，他却对我说："你不要怕麻烦别人，我们没啥事，有空！有事你们说就行。"你瞧！农忙时节的农民哪有不忙的，但他们总是觉得能帮我们，他们也很高兴。我的心底开始泛起浪花，从农门到"农科"，作为农民的孩子能学农，也算是我的一份使命了，只是突然开始迫切地希冀自己学到的知识能对他们有所反馈，有所帮助。

感谢相遇

2021年7月，我在科技小院负责的工作已经全部交到接班我工作的纪宗君师弟手上。自2020年6月正式参与到科技小院的生活和工作中，从支持和配合小院工作到成为长期入驻科技小院的一员，我一直心怀敬佩，心怀感激。从不同人那里听过平和蜜柚科技小院的"前世今生"，第一批顶着压力到平和开展试验工作的老师和师兄们让我心生敬佩，也感慨小院在平和四处辗转最终落地五星的曲折经历，但所幸我们科技小院在平和大地终是落地生根、茁壮成长。

在小院工作的日子里，总是灰头土脸，汗水浸透衣衫，但回头一看这不正是我所期望的自己，虽然平凡但却熠熠生辉。在自己的岗位坚守，尽管是重复的收整工具和打扫试验场地、唠叨地叫大家登记借出工具、想尽办法希望大家爱惜科技小院的每一个仪器和耗材，力求维护和完善，再期能有所建树。但却也所幸得到大家的理解和配合，为期一年的工作得到一份满意的答卷，在科技小院走过的所有日子都算数，希望科技小院能越来越好。

2021年开展的"蜜柚绿色提质增效技术培训"工作中，我们深入领略到了平和各地的民风乡俗，当地蜜柚种植的问题和疑虑也在培训时，从柚农叔叔们的嘴里说出来，我们的技术方案和试验成果也引发大家的思考、获得了很多人的肯定。在这期间我听到最多的是，他们对于我们"减肥"调酸方案的疑虑，今年蜜柚价格走低，大家都想通过减肥来节约成本，土壤问题也影响果实品质，但具体如何解决却无从下手。在科普期间，我们通过拉他们进小院交流群、分发技术手册、讲解简要试验成果和技术方案以期能给予当地柚农叔叔们一些参考，培训在壮果肥施用之后暂时告一段落，但是他们给我反馈却开始多了起来，慢慢有很多农户上门交流或是带着叶子或是带着症状照片来向我们求证蜜柚出现问题的症结所在；也有很多叔叔线上交流、线下去实践和验证我们的试验结果，有个叫文生的柚农叔叔，经常在微信问我蜜柚的缺素、毒害抑或是向我询问施肥、喷施农药与叶面肥的建议，真是我地地道道的"因柚网友"了，2021年7月中旬，文生叔叔给我发来一个简短的小视频，里面是他给自家柚园开沟的情况，他跟我说"你们讲得真是科学，滴水线外几乎没有根系，今年施肥位置我要往树冠里面移"，在此之后叔叔更是热衷于问我或者在交流群向老师们问一些蜜柚树上不太"寻常"的问题，譬如叶片黄了缺什么？施点鸟粪可以吗？十年树龄的蜜柚树颗粒硼一次施多少合适？诸如此，我们结识了很多叔叔阿姨，在路上遇到也会点头致意、滴一下喇叭，科技小院的红衣服和"柚柚"都被大家熟知，甚至买菜的阿姨、路边商铺的叔叔。我感觉我们像是做了件大事！我为我们的试验成果扎根当地、能服务于当地而感到自豪，更多的我为我在给当地柚农叔叔们送去了帮助感到满足和欣喜。

就像是剥包心菜，我与科技小院、与平和、与五星村、与我亲爱的叔叔阿姨、与我最爱的"柚柚"，越剥到里面越可心。我爱着也被爱着，在平和的人情、柚海里。

他是雷仁清

我与科技小院的故事

若逢新雪初霁，满月当空
下面平铺着皓影
上面流转着亮银
而你带笑地向我步来
月色与雪色之间
你是第三种绝色

——余光中《绝色》

与科技小院的初相逢是在2020年11月，深秋的天气却也暖和得像夏季的尾巴。没有金灿灿的枫叶，也没有萧瑟的寒风，有的只是漫山遍野的柚子伸展的枝丫，掉落满地的套袋遗留物和勤劳朴实的笑容。

科技小院坐落在平和县坂仔镇五星村村委会大楼，离镇上不过两公里，刚进院子大门，正对面是村部大楼，黄墙、蓝窗，小小的三层楼房，加上一叠近两米的大理石台阶，便是整个院子里最高的建筑了，三层之上，漆红的"五星村"三个大字在五星红旗的飘扬下正气昂扬。

与村部大楼遥相呼应的是五星村幸福院。墙上同一派的鹅毛黄，让整个楼房显得温馨十足。一楼是活动室与厨房，二楼是阅览室和居住间，小小的两层楼房四间屋子干净整洁。与村部大楼不同，幸福院的厨房，是研究生们的天堂，这里磨炼了一届又一届小院师生的厨艺，无论春夏秋冬，小小的灶台凝聚着学生们对美食的追求和对乡味的回忆。一顿供三五个人食用的可口佳肴从买菜到准备再到完成，需要历时近三小时的时间，但轮流做饭轮流收拾，却是日常中最宝贵的记忆。

小院里的娱乐设施屈指可数，除了厨房，便只有篮球场能让大家在工作之余感受一起流汗的快乐。在某个平常的下午，三五好友约起打着篮球，喝着汽水，咕嘟咕嘟的，汗水顺着眼角流上脸颊，纯白色的T恤被用来擦拭着眼角的汗水，笑靥如花如果用来形容男孩子的话，大概也不过如此吧。村里的小学生们也爱这一方球场，平常见得最多的便是这些还在长个儿的小朋友，稚嫩的脸庞，青涩又坚定，是最美好的青春。

站在村部大楼门口，左边儿是师兄师姐亲手搭建的大棚，里边栽种着用来做实验的大豆苗、柚子苗，承载的是科研的希望。右边是弃用的五星村小学，改造成了安置孤寡老人或贫困户的房子，门前开垦了一片菜园，种满了小葱和白菜，菜园旁是一棵高大的芒果树，每年6月份便会结满一树的芒果，香甜中仿佛又回到了小学还在启用的时候，嬉戏打闹的小孩，穿着白衬衫的老师，叮叮叮响个不停的闹铃……

夜晚，知了声混着蛙声，伴随着呼噜声进入了梦乡，梦里面是一片紫黑色的混沌，混沌的变缘是亮银般的星光，星星点点地亮着，梦外面是夜深人静，缺月直直地挂在黑芝麻糊般的天空，与最亮的启明星遥相呼应，在旁边的北斗七星也不甘示弱，照映得周围的小星都黯然失色，然而它们不敢失色，小星在遥远的光年之外，投射着途经它们的光，渺小却又伟大着。

而彼时的我还只是个旁观者。

相逢总是短暂，短短几天后便离开小院回去学校上课，之后由于各种原因陆续来到小院，也成为长期驻扎科技小院的一员，与科技小院有了更亲密的交流与接触。接触到笑起来暖洋洋的黄国义书记，可爱的赖建才主任，笑眯眯的国生叔叔，做事一丝不苟又热心好客的林新民师傅……是你们的存在让这片土地活跃起来。

转眼便是半年，这短短的半年却是比任何来之前出于师兄师姐的听闻更为立体活泼，从试验布置到科普下乡，从海拔80米的星罗棋布的柚子园到海拔800米的家庭农场，这片土地蕴藏着太多神奇，越是接触越是让人充满敬畏。

半年之后还有着无数的半年，山水总是人相逢，岁月漫长，值得等待。记忆中的相逢依然是满天星光。

他是纪宗君

遇　见

乡野生活，对于生活在城市中的我来说似乎是有些距离。在未遇到之前，我充满了无数的幻想与憧憬！或许有些人会想到乡野生活的不舒适、不便利、不发达。但相比这些，我更加看重的是乡野生活会带给我的自由与畅快，酣畅与淋漓！每每闭眼想象赤脚奔跑在田野之

中，吸泥土之芬芳，感田野之无垠，好不畅快！或许正是这种心之所向，让我在不知不觉中竟已处于田野之中，追寻心中那片自由的"净土"！自此，我想对这片"净土"说："初次相见，以礼相待，又遇人生新起点！"

初　遇

拨动时间的齿轮，追溯到2020年6月16日。那是我第一次前往位于福建省漳州市平和县坂仔镇五星村的科技小院，本独自一人乘车前往的我在途中竟偶遇了黄梓璨及孟祥明两位师兄，让内心还存在些许忐忑的我有了一丝放松。面对未知的环境，是挑战，亦是机遇，挑战在于面对新生事物，我还未做好各方面的准备；机遇在于通过接触新生事物，将会让我个人得以成长与提升！

与小院的初次相遇，是从一顿烧烤开始的。16日那天刚到小院，眼前的一幕让我有点惊讶！我以为的科技小院驻点可能是几间农房，至多再带一小片菜地，但可目光所及映入我眼帘的并非我以为的景象。这里有宽阔的篮球场，规整的一栋三层楼高的村部大楼以及一栋两层楼高的被称为"幸福院"的建筑。在这片宽阔的场地之上，科技小院的同学们为了晚上的烧烤大餐正忙得火热，有架火的、有洗菜的、有调制烧烤料的，也有在旁边高歌为大家助威的。一刹那，我以为我产生了错觉，这浓重的烟火气息让我以为我回到了那个阔别半年之久的家；但这亦不是错觉，因为这就是我的"家"，是我将要奋斗的地方。

在晚饭期间，我遇到了同学们常常提起的五星村村民——林新民叔叔。与林叔叔的第一次照面，让我感觉到如此亲切，叔叔面带笑意，亲切问候，让一个有一些惧于面对陌生人的我卸下了所有防备，身处异乡感受到了温暖！我在想，这是多么好的群众关系呀，这是他们付出了多少努力才换来的现在的成就以及村民们的认可，这是多么的难能可贵！

初遇小院，所见之物，所遇之人，所食之粮，皆为心之所喜！

礼　遇

乡野生活总令人心旷神怡，总使人悠然自得，总叫人乐此不疲！

我一直坚信一句话：科研者先为生活者，知生活便愈懂科研，因科研来源于生活并服务于生活！

在科技小院的乡野生活之间，让我慢慢学会了如何生活，待人接物要以礼相待，这一点我在科技小院体会颇深。

在科技小院的日常生活中，不论是去农户家拜访，还是去镇上饭馆吃饭，又或是去村口小卖铺购物，再或是身居村部，大家都将我们视如家人，亲切问候与关怀，以礼相待。

虽身处异乡，但在这里你接触的每一个人，每一件事都是那么亲切，那么温暖。

还记得某个下雨的夜晚，刚从农户家拜访结束，那豆大的雨点就落了下来。因农户家距科技小院并不算远，本打算冒雨前行，"奔"回小院，此时农户看到了用很"严厉"的语气说："雨夜路滑且视野不好，距离虽近，但奔回小院这件事就不要想了，我来开车送你们回去。"说着又从屋里拿出了自家的外套要为我们披上，担心我们淋雨身体出现问题。纵使我们找寻各种"理由"想婉拒农户的好意，但他毅然决然的坚持，让我为之动容。

多么朴实的农户，多么温暖的柚乡，多么亲切的小院！

礼遇小院，感知温暖，体会乡野生活！

"柚"遇

福建省漳州市平和县作为"世界柚乡、中国柚都"，一直以来都以盛产柚子而闻名。但是因为大面积种植蜜柚，导致了化肥及农药的大量施用，这将对我们的生态环境造成不可估量的伤害。导师吴良泉老师曾在一封邮件中对我说道："目前我们所研究出来的减肥技术等可以给全县农民减少肥料成本10来个亿，但环境效益并未估量，绿水青山就是金山银山，如何利用你的环境工程背景来助力产业发展，这是一个需要思考的问题！"

我带着老师提出的想法以及自己对于生态环境研究的一片炽热之心，在这片美丽的土地上开始了自己的科研之路，将论文写在用汗水浇灌下的土地之上！

面对着漫山遍野的柚林，我不禁为之心动。如此庞大的一个产业，我该如何下手，从何处切入，我能为这个产业做出什么样的贡献呢？在我迷茫之际，杨文浩老师成了我科研道路上的一座灯塔，为我指引着方向。

因实验需要，我们需要找寻一块试验田，在杨老师的带领下我多次来到蜜柚园进行采样调查，选取适合我们的试验田。在这个过程中，杨老师多次提出了他自己的创新性的想法，并与我进行交流讨论。在与老师的讨论中，我的思路渐渐打开，对于科研这条道路该如何走也渐渐有了方向！

吴良泉老师是我"柚"遇道路上的启发者，杨文浩老师是我"柚"遇道路上的引领者，在这两位老师的带领下，我的"柚"遇之旅越来越充实，"旅途"的风景也变得越来越美丽！

"柚"遇小院，开启人生新起点！

他是孔鲲鹏

我与科技小院的故事

初到科技小院，懵懂无知。2020年的10月，那个时候的我不用考虑那么多，有师姐买票、师姐带路……现在的我成了别人的师兄。时间一直推着我们往前走。

思绪来到2020年，那个时候研究生一年级、懵懂青涩无知的我，在师姐、动车、公交的帮助下，我顺利地来到了这个令我仰慕已久的县城——平和县。刚一下车，新鲜的空气迎面扑进我的口鼻，深呼吸，坐车很久的疲惫也被驱散了。我对这里的第一印象就是果树多！从来没有见过这么多的果树：柚子树、香蕉树、芒果树等，我惊讶地发现，原来这些水果是长在树上的。

科技小院驻扎在平和县坂仔镇五星村村委会。从县城到科技小院需要经过一段路程，我向路两旁望去，路边有山有水，目之所及，满满的都是柚子树，绿油油的蜜柚园让人心情舒畅。初到小院，陌生又激动，这里有贴心的师兄、师姐，有村党支部书记和村主任招待，有笑起来温暖的阿姨，有热心帮助我们的叔叔……虽然很多都是第一次见面，在这里却给我一种家的温馨。

研究生一年级期间，我在上课之余，断断续续地来小院取土、施肥，对这边也渐渐地熟悉了起来。

接管科技小院，慢慢成长。时间过得真快，转眼我就要研二了，以前经常喊的师兄师姐也已经毕业各奔东西了，懵懂青涩无知的我，也在老师、师兄和师姐的指导下，慢慢地成长，就像一株小草努力地钻出土壤。在老师和师兄的帮助下，渐渐地我也熟悉了科技小院微信公众号的运营和宣传报道。虽然我需要学习的工作内容还很多，但每学会一项技能之后又是那么的充实快乐。

2021年的6月，我们在线上进行了科技小院院长换届仪式，那一天我感慨万千暗暗告诉自己，既然选择了农学这条路，就要好好走下去，不能中途放弃，为广大农民、为乡村振兴贡献自己的力量。

努力接好接力棒。大家都说青出于蓝而胜于蓝，而即将研二的我却没有足够的自信做好科技小院工作。前几任的师兄师姐都太优秀了，在科技小院这个舞台的磨砺之下，已经没有什么能够击倒他们了。这半年来，在老师、师兄和师姐的指导下，我也逐渐开始接管科技小院的工作，总觉得自己做不好，需要学习的地方有很多很多。

感谢科技小院这个平台，让我从懵懂无知到成熟成长。做农学研究，改变的不只有外观的肤色，还有一颗逐渐强大的内心！

他是林新民

从2016年开始接触蜜柚"减肥"到现在已有6年了，6年间我对小院技术从最初的怀疑到逐渐相信，再到成了小院技术的代言人。回顾起这几年和小院的相处，一切仿佛就在昨天。

2015年之前，我给柚子施肥都是凭经验，觉得施的肥料越多越好，每棵树一年大概施16斤。2016年一个朋友带吴良泉老师来到我的蜜柚园，吴老师说我这个肥料施得比较多，要做"减肥"试验。我听了就觉得怀疑，之前也不认识吴老师，第一次没有合作成功。

后来没几天，吴老师又找到我，说肥料过量对柚子不好，施16斤土壤都酸化板结了，他建议我从16斤肥减到8斤。这一下减一半，产量会不会下降太多？我觉得不放心。吴老师说如果按他的施肥方式减产了，他把差额补给我。我当时也是半信半疑，看着朋友的面子让做了一小块，大概两亩地110棵。

到了2017年收获的时候，我有些不敢相信：肥料用量减少后，不但没减产，口感还非常好。收购商尝了我地里的果子后，都说今年的口感比之前好，我的柚子卖到了村里最高的价格。看到试验地的效果这么好，我先前的顾虑都没了，第二年我就按照小院的施肥推荐量，扩大了蜜柚园减肥的面积。减肥后，我家25亩地每年能省下三万的肥料成本。

由于修高速，原来那块试验地被政府征用了，现在移到了马路边那块地做试验，除了测土配方施肥的试验外，还调整了施肥位置、做了覆草、不同肥料类型和套袋等试验，到现在为止，五年了，效果一直都很好。试验地柚子长得好，经常会有人来到试验地，小院的孩子们也有组织参观活动。我现在偶尔和小院的同学一起去培训，用家乡话给大家分享蜜柚绿色提质增效技术和我与科技小院的故事。

科技小院的技术，提高了大家的收入，只有学习科学的方法，才能种出更好的蜜柚。回想这几年对蜜柚越来越全面的认识，越来越科学的管理，由衷地对小院表示感谢，你们做了一件大好事啊！

四、未来可期

在中国农技协领导下，平和蜜柚科技小院通过有力组织，充分发挥政府、高校和企业各自优势，政府通过政策引导与经费扶持，高校发挥人才优势开展科技创新和科学普及，企业做好产品创新和市场推广，实现了"政产学研用"五位一体的有机融合。不忘初心、牢记使命，结合蜜柚产业问题，整合推广创新优势科学技术，平和蜜柚科技小院真正践行了"知行合一"的思想，高校师生们以生产实际需求为导向，在生产中发现问题，基于专业理论提出假设，并到生产中验证，最后进行大面积推广解决了实际问题。同学们也不断学习、不断实践、不断完善、不断成长、不断超越自我，他们不仅在生产一线亲身感受到了农业发展的现状，培养了家国情怀，又能很好地锻炼发现问题和解决问题的能力，此外，也在解决问题的过程中发现新的问题，不断革新。

平和蜜柚科技小院以"蜜柚产业绿色发展、提质增效"为目标，在过去五年中，针对蜜柚施肥量过高带来的生产成本高、土壤严重酸化、碳排放高、面源污染突出的问题，开展了减肥增效技术和土壤酸化改良技术的研究与集成应用，取得了突出成效。然而，针对蜜柚果实"粒化"等品质退化的问题还缺乏有效的解决方案，接下来平和蜜柚科技小院将在现有"减肥增效"的基础上进一步围绕蜜柚"提质增效"目标开展联合攻关，助力蜜柚产业转型升级，培养更多"知农、爱农"的复合型新农科人才，为南方山地果园绿色发展和乡村振兴贡献力量。

附

录

附录一　科技小院最可爱的人

平和蜜柚科技小院的探索者：

鲁振亚

　　中国农业大学2018级硕博连读生，本科毕业于河南农业大学。2017年2月起进驻平和县山格镇开展科学研究与社会服务工作，是平和蜜柚科技小院的开拓成员之一，为小院的建立做出了重要贡献。在科技小院期间，他主要进行蜜柚专用肥的研制与肥效评价工作；因工作成绩突出，顺利通过中国农业大学植物营养学硕博连读选拔考核，博士阶段从事新型含镁肥料产品的研制与评价研究。硕博期间，共发表SCI论文2篇，中文核心等3篇，授权专利2项。

许修柱

　　福建农林大学2016级专业硕士研究生，本科毕业于德州学院。2017年2月起进驻平和县山格镇开展科研工作，试验地覆盖了山格镇、坂仔镇、五寨乡三个乡镇的11个点，研究方向为蜜柚生产中的碳排放及优化施肥的综合效应评价。作为开拓成员，他为平和蜜柚科技小院的建立奠定了重要基础。目前，许修柱已顺利完成硕士学业，担任国际镁营养研究所科研助理，继续留驻平和蜜柚科技小院，足迹遍布平和县蜜柚的各个产区，服务蜜柚产业的绿色发展。学习、工作期间，以第一作者发表中文核心期刊论文1篇、参与发表论文5篇，其中包含SCI论文2篇。

张思文

福建农林大学2020级博士研究生，硕士毕业于福建农林大学。2017年6月起进驻平和县小溪镇开展科研工作，研究内容为土壤酸化形成机理、土壤改良措施对蜜柚产量和品质形成的影响。她也是参与科技小院工作的首批实践者之一。科技小院工作期间，以第一作者发表中文核心期刊论文2篇、参与发表论文3篇，并参与大学生暑期三下乡社会实践活动，所在团队获"校级优秀团队"等荣誉称号。接下来，她将赴荷兰瓦赫宁根大学交流深造。

平和蜜柚科技小院的先行者：

杨金昌

福建农林大学2018级专业硕士研究生，本科毕业于昆明学院。2018年6月起进驻平和蜜柚科技小院，2019年6月至2020年6月担任科技小院首任院长，负责小院日常工作。目前，他已顺利完成硕士学业并进入农业领域外资企业，继续服务于农业、农村发展。科技小院工作期间，参与发表SCI论文2篇，获得中国农村专业技术协会科技小院联盟2020年度"优秀研究生"等荣誉称号。任小院院长期间，平和蜜柚科技小院获得"中国农技协十佳科技小院"称号。

张卫强

福建农林大学2018级专业硕士研究生，本科毕业于青岛农业大学。2018年6月起进驻平和蜜柚科技小院，2019年6月至2020年6月担任科技小院副院长，是科技小院首任副院长，负责小院基础建设。目前，他已顺利完成硕士学业，担任国际镁营养研究所科研助理，继续致力于农业科学研究和实践工作。科技小院工作期间，参与发表SCI论文1篇、发表中文核心期刊论文1篇，撰写的工作日志被评为"中国农技协科技小院优秀工作日志"。小院任职期间，科技小院荣获"中国农技协十佳科技小院"称号。

黄晓曼

福建农林大学2018级专业硕士研究生，本科毕业于江西农业大学。2018年6月起进驻平和蜜柚科技小院，2019年6月至2020年6月担任副院长，负责小院宣传和对外联络工作。目前，她已顺利完成硕士学业，进入中央电视台农业频道担任节目编导，继续致力于三农推广宣传工作。科技小院工作期间，以第一作者和共同第一作者发表SCI论文2篇、中文核心论文1篇，主编出版书刊1本，参与发表SCI论文2篇、中文核心期刊论文多篇，获得中国农技协科技小院联盟2020年度"优秀研究生"、福建农林大学资源与环境学院2021届"优秀毕业生"等荣誉等称号。

张利军

福建农林大学2018级专业硕士研究生，本科毕业于青岛农业大学。2018年6月起进驻科技小院开展科研工作，主要以优化施肥对蜜柚养分吸收、产量与品质形成的影响为主要研究方向。目前，他已顺利完成硕士学业并进入广西大学攻读博士学位，继续致力于农业科学研究工作。在科技小院工作期间，他以第一作者发表中文核心期刊论文2篇、参与发表论文3篇，其中SCI论文2篇。他获得福建农林大学资源与环境学院2021届"优秀毕业生"等荣誉称号。

徐凯悦

福建农林大学2018级专业硕士研究生，本科毕业于福建农林大学。自2018年6月起进驻科技小院开展科研工作，主要以蜜柚氮素养分的吸收和分配特征为研究方向。在科技小院工作期间，她以第一作者发表中文核心期刊论文1篇、参与发表论文2篇。获得福建农林大学资源与环境学院2021届"优秀毕业生"等荣誉称号。

童灵

福建农林大学2018级专业硕士研究生，本科毕业于江西农业大学。自2018年6月起进驻科技小院开展科研工作，主要以蜜柚糖分积累的生理特征为研究方向。在科技小院工作期间，她以第一作者发表中文核心期刊论文1篇、参与发表论文2篇。硕士期间，她多次获得优秀研究生学业奖学金。

张雪

福建农林大学2018级专业硕士研究生，本科毕业于青岛农业大学。自2018年6月起进驻科技小院开展科研工作，主要以蜜柚氨基酸积累特征为研究方向。在科技小院工作期间，她以第一作者发表中文核心期刊论文1篇、参与发表论文3篇。在读期间，她多次获得优秀研究生学业奖学金。

张炎

福建农林大学2018级专业硕士研究生，本科毕业于安徽科技学院。自2018年6月起进驻科技小院开展科研工作，主要以叶面肥在蜜柚提质增效中的作用为研究方向。在科技小院工作期间，他以第一作者发表中文核心期刊论文1篇、参与发表论文1篇。

王晓华

福建农林大学2018级专业硕士研究生，本科毕业于山东农业大学。自2018年6月起进驻科技小院开展科研工作，主要以蜜柚糖、有机酸的积累特征为研究方向。在科技小院工作期间，她参与发表论文3篇，多次获得优秀研究生学业奖学金。

张亚东

福建农林大学2018级专业硕士研究生，本科毕业于河南科技学院。自2018年6月起进驻科技小院开展科研工作，主要以土壤养分迁移特征为研究方向。在科技小院工作期间，他以第一作者发表中文核心期刊论文1篇、参与发表论文1篇。

蔡远扬

吉林大学2019级专业硕士研究生，本科毕业于吉林大学。她研究生期间在福建农林大学国际镁营养研究所进行联合培养，自2019年7月开始在科技小院开展盆栽实验，主要研究方向为磷素在土壤中的迁移转化过程及不同磷肥的特性。她多次参与科技小院的日常工作以及科研工作，并作为工作人员参与五星村首届蜜柚节、蜜柚绿色提质增效培训会等相关工作。目前，她已顺利完成硕士学业并进入福建农林大学国际镁营养研究所担任科研助理，继续致力于农业科学研究和实践工作。在科技小院工作期间，她参与发表SCI论文2篇，多次获得优秀研究生学业奖学金。

平和蜜柚科技小院的开拓者：

刘有

福建农林大学2019级专业硕士研究生，本科毕业于青岛农业大学，科技小院骨干。刘有2019年7月开始入驻平和蜜柚科技小院，2020年6月至2021年6月担任科技小院第二任院长，全面负责小院工作；2021年6月起担任中国农技协科技小院联盟研究生联合会会长。科技小院工作期间，参与发表SCI论文1篇，主讲蜜柚绿色提质增效培训会7场，累计服务农户233人；撰写的日志获得"中国农技协科技小院优秀工作日志"奖。任职期间，平和蜜柚科技小院入选2020年度"中国农技协十佳科技小院"称号。

马昌城

福建农林大学2019级专业硕士研究生，本科毕业于吉林农业大学，科技小院骨干。2020年6月至2021年6月担任科技小院副院长，负责小院宣传工作。科技小院工作期间，参与发表SCI论文1篇，主讲蜜柚绿色提质增效培训会14

场，累计服务农户555人；撰写的工作日志获得"中国农技协科技小院优秀工作日志"奖。任职期间，平和蜜柚科技小院入选2020年度"中国农技协十佳科技小院"。

周慧梅

福建农林大学2019级专业硕士研究生，本科毕业于江西农业大学，科技小院骨干。2020年6月至2021年6月担任科技小院副院长，负责小院日常管理。科技小院工作期间，主持蜜柚绿色提质增效培训会6场，累计服务农户162人。任职期间，平和蜜柚科技小院入选2020年"中国农技协十佳科技小院"。

宋彪

福建农林大学2019级专业硕士研究生，本科毕业于江西农业大学。自2019年7月起进驻科技小院开展科研工作，主要以蜜柚品质与生理调控为研究内容。在科技小院工作期间，他以第一作者发表中文权威期刊论文1篇、参与发表论文1篇。

罗自威

福建农林大学2019级专业硕士研究生，本科毕业于石河子大学。自2019年6月起进驻科技小院开展科研工作，主要研究蜜柚树的最佳负载量。在科技小院工作期间，他参与发表中文核心期刊论文1篇。

侯炜

福建农林大学2019级专业硕士研究生，本科毕业于吉林农业大学。自2019年6月起进驻中国农大-江平生物科技小院开展科研工作，研究内容为土壤调理剂在蜜柚园酸性土壤改良中的应用。

曹振

福建农林大学2019级专业硕士研究生，本科毕业于河南农业大学。自2019年6月起进驻中国农大-江平生物科技小院开展科研工作，研究内容为限根栽培对蜜柚生长和养分需求的影响。

平和蜜柚科技小院的引领者：

雷仁清

福建农林大学2020级专业硕士研究生，本科毕业于长江大学，科技小院骨干。2020年9月进驻平和蜜柚科技小院，2021年6月起任第三任科技小院院长，主持小院全面工作。研究内容为柚园控释专用肥的应用研究。

孔鲲鹏

福建农林大学2020级专业硕士研究生，本科毕业于河南农业大学，科技小院骨干。2020年9月起进驻平和蜜柚科技小院，2021年6月起担任科技小院副院长，负责小院宣传、外联工作。研究内容为柚园土壤氮循环的微生物机制。

纪宗君

福建农林大学2020级学术型硕士研究生，本科毕业于福建农林大学，科技小院骨干。2020年6月进驻平和蜜柚科技小院，2021年6月起担任科技小院副院长，负责小院日常管理工作。研究内容为蜜柚园环境养分循环。

上官伊林

福建农林大学2020级专业硕士研究生，本科毕业于福建农林大学。自2020年9月起进驻科技小院开展科研工作，主要以蜜柚专用钙叶面肥为研究方向。

张艺

福建农林大学2020级专业硕士研究生，本科毕业于河南农业大学。自2020年9月起进驻科技小院开展科研工作，主要以施镁对柚园覆草根际微生物招募的影响为研究方向。

陶晶霞

福建农林大学2020级专业硕士研究生，本科毕业于甘肃农业大学。自2020年9月起进驻科技小院开展科研工作，主要以蜜柚修剪枝叶返田的分解特征和养分释放速率为研究方向。

吴肇正

福建农林大学2020级专业硕士研究生，本科毕业于福建农林大学。2020年9月起进驻科技小院开展科研工作，主要以蜜柚粒化过程的生理变化和机理为研究方向。

高涯

福建农林大学2020级专业硕士研究生，本科毕业于山西农业大学。自2020年9月起进驻科技小院开展科研工作，主要以商业推广对农户施镁肥行为的影响为研究方向。

附录二　领导关怀

在中国农技协、福建省农技协等各级单位、领导、专家的统一领导和悉心指导下，平和蜜柚科技小院茁壮地成长着。各级领导的关心、关怀与关爱，助推了科技小院工作，深切地影响着小院学生的成长。在一次次的慰问和来访中，领导们和师生们成了"老熟人"、好朋友，彼此的关心、互动感人心怀，这些回忆伴随并影响着一届届的研究生，让大家成长为品行优良、勇于担当的新时代青年，在现代农业发展中展现着青年力量。文字难以尽述大家对科技小院的细心呵护与深切关爱，仅以时序，片语只辞记录。

2019年6月14日，中国农技协理事长、中国农大原校长柯炳生，中国科协农技中心主任、中国农技协常务副理事长师铎，福建省农技协理事长吴瑞建，中共平和县委书记郭德志共同为小院揭牌（附图1）。

附图 1　科技小院揭牌

（左图：左起 福建省农技协理事长吴瑞建、中国农技协理事长柯炳生、中国农技协常务副理事长师铎、原平和县委书记郭德志共同为科技小院揭牌）

2021年3月3日，福建省农业生态环境与能源技术推广总站站长赵杰樑一行在漳州市农业农村局、市土壤肥料与生态能源站、县农业农村局等部门领导陪同下，莅临科技小院调研指导工作（附图2）。

附图2　福建省农业生态环境与能源技术推广总站
站长赵杰樑一行莅临调研

2021年10月20日，我校副校长郑宝东教授、新农村发展研究院副院长朱朝枝教授一行莅临平和蜜柚科技小院调研指导工作（附图3）。郑宝东一行在小院责任专家吴良泉和平和县科协主席赖警苗的陪同下，先后参观了小院展厅、大厅、试验大棚、实验室和厨房，深入了解驻院学生们的生活和工作情况。平和县科协副主席罗国欣、小院驻地五星村书记黄国义、村主任赖建才等人参加此次的调研活动。

附图3　郑宝东教授、朱朝枝教授一行莅临小院调研指导（附彩图）

科协系统是平和蜜柚科技小院的"娘家"，各级领导始终关心着小院的建设和发展，他们统领科技小院工作，为科技小院服务、为科技小院发声，是小院最核心的支撑。不仅小院活动都亲临现场悉心指导，更关怀着小院学生的日常生活，力所能及地帮助大家（附图4）。

在柯炳生理事长和吴瑞建理事长的大力推动下，全省各地科协系统领导多次到平和蜜柚科技小院考察，调研平和蜜柚科技小院建设和工作模式，共同推动科技小院模式在全省的落地。

附图4　县科协党组书记黄洪河、时任主席赖艺玲
一行慰问留小院过年的师生

2020年9月7日，福建永春县科协副主席、农技协理事长、绿源柑桔苗木繁育场场长、高级农艺师张生才一行莅临平和蜜柚科技小院（附图5），就科技小院建设、科技服务支撑等方面开展调研交流。

附图5　福建永春县科协副主席张生才一行莅临科技小院调研

2020年12月18日，福建三明市尤溪县科协副主席邵晓明、尤溪县科协学会部部长罗晓燕、光兴茶叶有限公司总经理叶光兴、福建农林大学资源与环境学院教授易志刚等在时任平和县科协主席赖艺玲、副主席林忠福的陪同下，到科技小院调研交流（附图6、附图7）。

西江月·再访五星科技小院

去年国庆盛夏，欣访五星柚园，
科技小院话产研，暗香满心沁遍。

是日冬至徐就，轻风再拂梢头，
语堂家乡逢挚友，他日蓬莱叙旧。

——易志刚

附图6 易志刚教授作词——西江月·再访五星科技小院

附图7 福建三明市尤溪县科协副主席邵晓明一行莅临科技小院

2021年3月18日，福建省农技协副理事长、福建省农村工作研究中心原主任、福建农林大学教授黄跃东与湖南袁氏生态植物营养科技有限公司副总杨恩一行来到科技小院参观调研（附图8）。坂仔镇党委书记杨镇源、平和县科协主席赖艺玲、坂仔镇副镇长简易妮等陪同参加。

附图8　福建省农技协副理事长黄跃东教授一行莅临科技小院

2021年4月15日，漳州市科协党组书记、主席林国强一行莅临科技小院调研指导工作（附图9）。县科协党组书记黄洪河、主席赖艺玲等参加调研。

附图9　漳州市科协党组书记、主席林国强一行莅临科技小院

2021年5月19日，福建省永安市科协主席章文郁、副主席邱乘越、永安市农技协会长吴兴民在原平和县科协主席赖艺玲、副主席林忠福等的陪同下，莅临科技小院参观考察（附图10）。

附图 10　福建省永安市科协主席章文郁一行莅临科技小院

2021年9月11日，福建省第三批科技小院授牌暨科技小院交流观摩活动在平和县举办（附图11），福建省科协党组成员、副主席鲁伟群出席活动并讲话。当天，与会人员一行还参观了平和蜜柚科技小院。

附图 11　第三批科技小院授牌暨科技小院交流观摩活动现场

附录三　附表

附表1：科技小院学生师生发表论文/书籍一览表

第一作者	发表文章题目	发表期刊	发表时间
陈晓辉	How to identify and adopt cleaner strategies to improve the continuous acidification in orchard soil?	Journal of Cleaner Production	2022
陈晓辉	Long-term excessive phosphorus fertilization alters soil phosphorus fractions in the acidic soil of pomelo orchards	Soil and Tillage Research	2022
陈晓辉	Identifying the main crops and key factors determining the carbon footprint of crop production in China	Resources conservation and recycling	2021
吴良泉	Nutrient flows in the crop-livestock system in an emerging county in China	Nutrient cycling in agroecosystems	2021
黄晓曼	Integrated nutrient management significantly improves pomelo（citrus grandis）root growth and nutrients uptake under acidic soil of southern china	Agronomy-basel	2021
颜晓军	Land-use change affects stoichiometric patterns of soil organic carbon, nitrogen, and phosphorus in the red soil of Southeast China	Journal of Soils and Sediments	2021
张思文	Integrated use of lime with Mg fertilizer significantly improves the pomelo yield, quality, economic returns and soil physicochemical properties under acidic soil of southern China	Scientia Horticulturae	2021

续表

第一作者	发表文章题目	发表期刊	发表时间
Muhammad Atif Muneer，黄晓曼	Response of Fungal Diversity, Community Composition, and Functions to Nutrients Management in Red Soil	Journal of Fungi	2021
杨文浩	Short-term application of magnesium fertilizer affected soil microbial biomass, activity, and community structure	Journal of soil science and plant nutrition	2021
颜晓军	Soil phosphorus pools, bioavailability and environmental risk in response to the phosphorus supply in the red soil of southern China	International Journal of Environmental Research and Public Health	2020
陈晓辉	Carbon footprint of a typical pomelo production region in China based on farm survey data	Journal of cleaner production	2020
王正	Magnesium fertilization improves crop yield in most production systems: a meta-analysis	Frontiers in plant science	2020
郭九信	Lower soil chemical quality of pomelo orchards compared with that of paddy and vegetable fields in acidic red soil hilly regions of southern China	Journal of Soils and Sediments	2019
黄晓曼	《科技小院——青年学子新时代逐梦随笔》	化学工业出版社	2021
童灵	有机质和粒径对中国4类典型土壤镁吸附量的影响	中国农业大学学报	2021
张思文	施用石灰对果园酸性土壤镁吸附-解吸特征的影响	中国土壤与肥料	2021
姜亚男	镁肥与添加剂施用后土壤镁迁移与淋洗特征研究	土壤	2021
徐凯悦	不同时期追施氮肥对成熟期蜜柚树体氮素分配的影响	植物营养与肥料学报	2021

续表

第一作者	发表文章题目	发表期刊	发表时间
宋彪	蜜柚果实不同空间部位植酸及矿质营养有效性的分布特征	中国农业科学	2021
张利军	琯溪蜜柚落花落果特征及养分损失定量化研究	果树学报	2021
张卫强	优化施肥对琯溪蜜柚产量、品质和碳排放的影响	中国土壤与肥料	2021
张炎	琯溪蜜柚叶片黄化与缺镁的关系及叶面补镁的矫治效果	果树学报	2021
张亚东	福建平和蜜柚园土壤镁含量状况研究	中国土壤与肥料	2021
张思文	土壤交换性钙和镁测定方法的改进研究	云南农业大学学报	2020
颜晓军	长期施肥对酸性土壤磷形态及有效性的影响	土壤	2020
刘东晖	1985—2015 年福建省农牧系统磷素流动特征及影响因素	中国农业科学	2020
郑朝元	注重镁营养,对蜜柚发展至关重要	中国农资	2020
陈欢欢	我国柑橘镁营养现状及其生理分子研究进展	果树学报	2019
吴良泉	琯溪蜜柚品质综合评价及优质高产的营养诊断	热带作物学报	2019
林瑞坤	琯溪蜜柚品质综合评价及优质高产的营养诊断	热带作物学报	2019
颜晓军	磷肥投入对赤砂土磷形态累积及有效性的影响	南方农业学报	2019
张利军	减肥增 Mg 提高蜜柚产量和品质	中国农资	2019
叶德练	叶面调控改善琯溪蜜柚镁营养状况	中国农资	2019
许修柱	集约化果园钾肥施用现状及钾素表观平衡状况研究——以福建省平和县琯溪蜜柚为例	南方农业学报	2019

第一作者	发表文章题目	发表期刊	发表时间
林瑞坤	福建省平和县蜜柚园磷肥使用现状及土壤磷素平衡研究	福建热作科技	2018
吴良泉	一种蜜柚套餐费及其使用方法	专利：CN1078146058	2017

附表2：科技小院组织的培训活动

培训活动	活动时间	培训人数（人）
琯溪蜜柚可持续发展的问题与思考	2016.09	100
高产高效测土配方施肥试验示范推广会暨琯溪蜜柚秋收现场观摩	2016.09	50
科技小院宣传介绍与蜜柚减肥补镁、提质增效技术培训	2017.04	100
科技小院宣传介绍与蜜柚减肥补镁、提质增效技术培训	2017.04	50
果树镁营养重要性	2018.06	60
柚子、柑橘黄叶原因分析及矫正	2018.07	500
蔬菜镁营养	2018.01	150
蜜柚养分资源综合管理技术	2018.01	200
磷素减施增效技术	2018.01	10
平和蜜柚科技小院相关工作宣传介绍、科普过量施肥的危害与蜜柚园土壤养分现状，蜜柚绿色种植技术培训	2019.05	50
蜜柚镁营养及平衡施肥	2019.06	70
琯溪蜜柚园土壤酸化与养分现状科普、减肥调酸技术应用及叶面肥施用技术培训	2019.06	60
蜜柚绿色提质增效技术现场观摩指导	2019.06	40
蜜柚绿色提质增效技术现场观摩指导	2019.07	40

续表

培训活动	活动时间	培训人数（人）
以"绿水青山就是金山银山"为主题的科普宣传——水源污染现状与如何保护水源	2019.07	30
调研平和蜜柚科技小院科普 & 蜜柚绿色提质增效技术田间观摩	2019.07	65
蜜柚绿色提质增效技术现场观摩	2019.08	5
琯溪蜜柚绿色提质增效技术	2019.09	250
琯溪蜜柚绿色提质增效技术	2019.09	250
平和琯溪蜜柚"减肥"提质增效田间观摩	2019.09	250
平和琯溪蜜柚"减肥"提质增效田间观摩	2019.09	8
蜜柚根系养分分布规律田间观摩	2019.01	40
蜜柚绿色提质增效技术现场观摩	2019.11	50
蜜柚绿色提质增效技术现场观摩	2019.11	15
蜜柚绿色提质增效技术现场观摩	2019.11	15
蜜柚绿色提质增效技术现场观摩	2019.11	10
蜜柚绿色提质增效技术现场观摩	2020.06	25
蜜柚绿色提质增效技术现场观摩	2020.07	20
蜜柚优化减肥及补充钙镁肥科普培训	2020.08	30
蜜柚绿色提质增效技术现场观摩	2020.08	30
蜜柚绿色提质增效技术现场观摩	2020.09	2
蜜柚绿色提质增效技术科普宣传	2020.09	200
蜜柚绿色提质增效技术现场观摩	2020.09	50
高产高效测土配方施肥试验示范项目验收暨田间观摩	2020.09	30
镁的生理功能及镁肥的科学施用	2020.09	60
蜜柚绿色提质增效技术现场观摩	2020.09	5
蜜柚绿色提质增效技术现场观摩会	2020.09.25	12
中国农技协蜜柚绿色优质高效栽培技术研修班	2020.12.27～30	90

培训活动	活动时间	培训人数（人）
废弃物资源化利用．优质高效茶园管理．琯溪蜜柚减肥增效	2021.03.18	80
废弃物资源化利用．优质高效茶园管理．琯溪蜜柚减肥增效	2021.03.18	120
蜜柚绿色提质增效技术培训会	2021.03.26	42
蜜柚绿色提质增效技术培训会	2021.03.27	33
蜜柚绿色提质增效技术培训会	2021.03.28	10
蜜柚绿色提质增效技术培训会	2021.03.29	32
蜜柚绿色提质增效技术培训会	2021.03.30	27
蜜柚绿色提质增效技术培训会	2021.03.31	30
蜜柚绿色提质增效技术培训会	2021.03.31	66
蜜柚绿色提质增效技术培训会	2021.04.01	33
蜜柚绿色提质增效技术培训会	2021.04.02	40
蜜柚绿色提质增效技术培训会	2021.04.03	27
蜜柚绿色提质增效技术培训会	2021.04.05	33
蜜柚绿色提质增效技术培训会	2021.04.06	23
蜜柚绿色提质增效技术培训会	2021.04.07	25
蜜柚绿色提质增效技术培训会	2021.04.08	15
蜜柚绿色提质增效技术培训会	2021.04.10	42
蜜柚绿色提质增效技术培训会	2021.04.12	23
蜜柚绿色提质增效技术培训会	2021.04.13	21
蜜柚绿色提质增效技术培训会	2021.04.14	45
蜜柚绿色提质增效技术培训会	2021.04.14	52
蜜柚绿色提质增效技术培训会	2021.04.15	49
蜜柚绿色提质增效技术培训会	2021.04.15	34
蜜柚绿色提质增效技术培训会	2021.04.16	68
蜜柚绿色提质增效技术培训会	2021.04.16	53
蜜柚绿色提质增效技术培训会	2021.04.22	35

续表

培训活动	活动时间	培训人数（人）
蜜柚绿色提质增效技术培训会	2021.04.22	89
蜜柚绿色提质增效技术培训会	2021.04.22	53
蜜柚绿色提质增效技术培训会	2021.04.23	32
蜜柚绿色提质增效技术培训会	2021.04.23	57
蜜柚绿色提质增效技术培训会	2021.04.23	39
蜜柚绿色提质增效技术培训会	2021.04.26	70
蜜柚绿色提质增效技术培训会	2021.04.29	44
蜜柚绿色提质增效技术培训会	2021.04.29	31
蜜柚绿色提质增效技术培训会	2021.04.29	36
蜜柚绿色提质增效技术培训会	2021.04.30	27
蜜柚绿色提质增效技术培训会	2021.04.30	69
蜜柚绿色提质增效技术培训会	2021.04.30	46
蜜柚绿色提质增效技术培训会	2021.05.10	35
蜜柚绿色提质增效技术培训会	2021.04.30	50
蜜柚绿色提质增效养分管理技术和修剪技术研讨会	2021.07.15	25
蜜柚绿色提质增效技术现场观摩	2021.01.26	10
蜜柚绿色提质增效技术现场观摩	2021.03.03	15
蜜柚绿色提质增效技术现场观摩	2021.03.17	10
蜜柚绿色提质增效技术现场观摩	2021.03.18	15
蜜柚绿色提质增效技术现场观摩	2021.03.23	15
蜜柚绿色提质增效技术现场观摩	2021.04.01	20
蜜柚绿色提质增效技术现场观摩	2021.04.13	20
蜜柚绿色提质增效技术现场观摩	2021.04.19	100
蜜柚绿色提质增效技术现场观摩	2021.05.19	10
蜜柚绿色提质增效技术现场观摩	2021.06.10	20
蜜柚绿色提质增效技术现场观摩	2021.07.15	15

附表3：平和蜜柚科技小院高校和媒体报道

报道机构名称	报道标题	报道时间
中国科学技术协会官网	福建省科协召开"科技小院"建设工作座谈会	2019.03.20
福建省人民政府官网	5个中国农技协科技小院 扎根福建	2019.06.13
腾讯大闽网	全国蜜柚产业首个"科技小院"在平和揭牌	2019.06.16
东南网	全国首个蜜柚产业"科技小院"落地平和	2019.06.18
海峡网	全国首个蜜柚产业"科技小院"落地平和	2019.06.18
闽南网	全国首个蜜柚产业"科技小院"落地平和	2019.06.18
平和网	全国首个蜜柚产业"科技小院"落地平和	2019.06.18
央视二套财经频道	《经济半小时》科技促丰收	2019.09.23
东南网	平和琯溪蜜柚小院田间实验室果农智囊团	2019.10.29
江西农业大学国土资源与环境学院官网	我院副院长周春火一行前往平和蜜柚科技小院调研	2019.11.15
科技工作者之家	乡约科普｜"琯溪蜜柚"绿色提质增效施肥技术（视频篇）	2020.05.28
人民网	福建省推进"科技小院"建设工作	2020.08.12
东南网	科技小院打通科技成果转化"最后一公里"助农促丰收	2020.08.31
福建省科学技术协会	平和县举办蜜柚绿色提质增效技术现场观摩会	2020.09.25
中国科学技术协会	福建平和蜜柚科技小院举办首届蜜柚节	2020.10.10
福建农林大学	我校福建平和蜜柚科技小院入选2020年"十佳中国农技协科技小院"	2020.10.15
中国新闻网	林语堂故乡蜜柚迎花期 平和蜜柚科技小院"减肥"忙	2021.02.25
和讯网		2021.02.25
中国侨网		2021.02.25
福建农林大学资源与环境学院官网	林语堂故乡蜜柚迎花期 平和蜜柚科技小院"减肥"忙	2021.02.26

续表

报道机构名称	报道标题	报道时间
中国青年网	科技助力乡村振兴再出发丨科技让"八闽大地"生长出看得见的力量	2021.3.25
中国网	科技助力乡村振兴再出发丨科技让"八闽大地"生长出看得见的力量	2021.03.25
漳州新闻网	坚持生态优先绿色发展 加快推进乡村全面振兴 邵玉龙到平和调研	2021.04.24
闽南日报	坚持"零距离、零时差、零费用、零门槛",致力产学研用融合"科技小院"成了平和柚农智囊团	2021.04.24
漳州新闻网	坚持"零距离、零时差、零费用、零门槛",致力产学研用融合"科技小院"成了平和柚农智囊团	2021.04.24
央视十七套农业农村频道	《三农群英汇》蜜柚减"肥"记	2021.07.09
福建日报	中国农技协科技小院联盟"最美科技工作者"名单出炉我省2人上榜	2021.07.16
新浪网	中国农技协科技小院联盟"最美科技工作者"名单出炉	2021.07.16

附表4：毕业生名单及研究选题名称

名字	研究课题	毕业年份
鲁振亚	平和县蜜柚生产现状及高产高效限制因素分析	2019年
许修柱	琯溪蜜柚生产中的碳排放及优化施肥的综合效应评价	2019年
张思文	土壤酸化对蜜柚镁营养的影响及石灰配施镁肥改良效果	2020年
杨金昌	平和县琯溪蜜柚的镁营养及镁肥的提质增效作用	2021年
张卫强	不同镁肥在酸性土壤的转化过程及其在大豆、蜜柚上的肥效评价	2021年
黄晓曼	养分优化管理对蜜柚根系空间分布的影响	2021年

名字	研究课题	毕业年份
张利军	琯溪蜜柚地上部表观生物量和养分累积规律及优化施肥效果评价	2021年
徐凯悦	蜜柚氮素的吸收、分配与利用特性及贮藏氮的再调动	2021年
童灵	蜜柚果实糖分的动态积累特征	2021年
张雪	蜜柚果实中游离氨基酸的动态积累规律	2021年
张炎	叶面镁肥对琯溪蜜柚产量、品质和营养状况的影响	2021年
王晓华	不同施肥处理对蜜柚果实糖、酸、酚动态积累的影响	2021年
张亚东	不同施肥处理对柚园土壤酸度、养分和碳氮磷化学计量比的影响	2021年
蔡远扬	中国东南部酸性土壤区磷肥的施用效应研究	2021年

附表5：科技小院荣誉汇总

获奖分类	获奖内容	获奖时间
科技小院获奖	中国农技协平和蜜柚科技小院荣获"中国农技协十佳科技小院"	2019年
	中国农技协平和蜜柚科技小院荣获"中国农技协十佳科技小院"	2020年
	平和蜜柚科技小院荣获福建省科学技术协会"2021年度优秀科技小院"	2021年
科技小院专家团队成员获奖	吴良泉荣获社会实践先进工作者称号	2015年
	吴良泉荣获福建省高校毕业生就业创业工作先进个人	2020年
	吴良泉荣获福建农林大学优秀教师	2020年
	吴良泉荣获中国农技协最美科技工作者	2021年
	吴良泉荣获中国农技协科技小院联盟最美科技工作者	2021年
	叶德练荣获2016年至2020年全国农科学子联合实践行动优秀指导教师	2016—2020年

续表

获奖分类	获奖内容	获奖时间
科技小院入驻学生获奖	杨金昌、黄晓曼荣获中国农村专业技术协会科技小院联盟2020年度优秀研究生	2020 年
	张卫强、刘有和马昌城荣获中国农村专业技术协会科技小院联盟2020年撰写工作日志评比中，荣获优秀工作日志奖	2020 年
	黄晓曼获得2018年第四期全国科技小院联盟暑期培训与交流会新生代表演讲优秀奖	2018 年
	黄晓曼获得中国农村专业技术协会科技小院联盟研究生交流会2020年度优秀报告	2020 年
	杨金昌获得科技小院培训汇报三等奖	2020 年
云边小院获奖	第五届福建农林大学大学生创新创业大赛铜奖	2019 年
	第六届福建省"互联网+"大学生创新创业大赛铜奖	2020 年
	第六届福建农林大学大学生创新创业大赛银奖	2020 年
	第七届福建省"互联网+"大学生创新创业大赛铜奖	2021 年
三下乡获奖	2016年全国大中专学生志愿者暑期"三下乡"社会实践活动全国重点团队	2016 年
	2017年全国大中专学生志愿者暑期"三下乡"社会实践活动优秀团队称号	2017 年
	2019年全国大中专学生志愿者暑期"三下乡"社会实践活动优秀团队称号	2019 年

附表6：暑期"三下乡"社会实践系列活动媒体报道

媒体名称	宣传标题	发布时间
东南网	保护母亲河，有我河小禹——农林大展出"河小禹"专项活动成果	2017.12.21
大学生网报	保护母亲河，有我河小禹——农林大学子深入平和县调研河长制建设及水环境治理	2017.07.29

续表

媒体名称	宣传标题	发布时间
平和网	我县"小河长"志愿护河服务队与福建农林大学"河小禹"专项行动实践队联合开展活动	2017.07.19
搜狐网	小禹大梦：保护母亲河，有我河小禹	2017.07.07
福建农林大学资源与环境学院	市河长办与团市委联合举办"河小禹"大学生暑假社会实践活动	2017.07.17
福建农林大学资源与环境学院	资环学子走进养殖场，青春助力"建设新福建"	2018.07.17
福建农林大学资源与环境学院公众号	资环学子赴平和，探索农牧结合新进程	2018.08.02
金山青年	福建学子走访养猪场 了解农牧结合新乡村	2018.07.25
人民网	农林学子"三下乡"，共建美丽新福建	2019.07.28
中国网	福建农林大学师生助力平和乡村振兴新发展	2019.08.30
未来网	福建农林大学学子暑期三下乡：一心一意为民服务 一点一滴共建美丽平和	2019.08.28
福建省教育厅	福建农林大学学子三下乡科普环境保护知识	2019.08.15
中青网	福建农林大学学子三下乡：走访五星村，科普宣传环境保护知识	2019.08.07
中国大学生网	重走红军路，装在我农林大学子之志向	2019.07.20
搜狐网	前往漳州市平和县开展三下乡活动前认真规划	2019.07.11
大学生网	走平和取水，沿路科普知识	2019.07.29
省教育厅官网	福建农林大学学子三下乡科普环境保护知识	2019.08.19
福建农林大学资源与环境学院公众号	农林学子三下乡，共建美丽新福建	2019.07.28
平和蜜柚科技小院微信公众号	三下乡：用不长的时间，做一件难忘的事	2019.08.11
福建农林大学资源与环境学院微信公众号	农林学子"三下乡"，共建美丽新福建	2019.08.24
平和网	红色平和，你我传承	2019.08.20

续表

媒体名称	宣传标题	发布时间
当代大学生网	福建农林大学学子三下乡：助力平和用水安全，农林大学子在行动	2019.08.30
中国大学生网	青年学子三下乡——心系平和蜜柚，聚焦乡村振兴	2021.07.17
中国大学生网	农林大学子三下乡：走进平和柚园，感受科技力量	2021.07.19
中国大学生网	农林大学子三下乡：青年学海无涯，实践方得始终	2021.07.19
中国大学生网	农林大学子三下乡：探访蜜柚产业园，倾听农人新故事	2021.07.20
中国大学生网	农林大学子三下乡：追溯红色记忆，践行革命精神	2021.07.23
中国大学生网	农林大学子三下乡：深入基层，助农兴农	2021.07.24
今日头条	福建学子三下乡——走进田间地头，推进农村现代化	2021.07.19
中国青年网	农林大学子三下乡：心系平和蜜柚，聚焦乡村振兴	2021.07.23
中国青年网	福建农林学子三下乡：将"论文"写在祖国的大地上	2021.07.26
今日头条	农大学子赴漳州平和三下乡	2021.07.18
网易新闻	福建学子三下乡——走进田间地头，推进农村现代化	2021.07.17
西瓜视频	三下乡第一天 我们都是云边人	2021.07.16
西瓜视频	福建农林大学 三下乡实践队，到平和的Day2	2021.07.17
云边小院微信公众号	三下乡｜初见科技小院	2021.07.21
云边小院微信公众号	三下乡｜交流谋发展，实践出真知	2021.07.22
福建农林大学资源与环境学院微信公众号	资环学子"三下乡"｜入户坂仔寻访基层所需，深入柚园助力乡村振兴	2021.07.26

续表

媒体名称	宣传标题	发布时间
福建农林大学资源与环境学院微信公众号	资环学子"三下乡"｜追溯红色记忆，体悟革命精神	2021.07.23
云边小院微信公众号	三下乡｜入户坂仔寻访基层所需，深入柚园助力乡村振兴	2021.07.24
云边小院微信公众号	三下乡｜实践伴柚香，"砼"心入柚园	2021.07.25
中国青年网	福建学子三下乡：入户坂仔寻访基层所需，深入柚园助力乡村振兴	2021.08.04
中国青年网	农林大学子三下乡：理论作画笔，实践展蓝图	2021.08.04
中国青年网	福建学子三下乡：交流促发展，实践出真知	2021.07.29
中国青年网	福建学子三下乡：蜜柚再发展，小院在行动	2021.07.30
中国青年网	农林大学子三下乡：步入田间地头，感受农业发展	2021.08.08
平和网	福建农林大学到我县开展"三下乡"实践活动	2021.08.04

参考文献

[1] 雷靖，梁珊珊，谭启玲，等．我国柑橘氮磷钾肥用量及减施潜力 [J]．植物营养与肥料学报，2019，25（09）：1504-1513.

[2] 张继宗，张维理，雷秋良，等．太湖平原农田区域地表水特征及对氮磷流失的影响[J]．生态环境学报，2009，18（04）：1497-1503. DOI：10.16258/j.cnki.1674-5906.2009.04.045.

[3] 卢树昌，陈清，张福锁，等．河北省果园氮素投入特点及其土壤氮素负荷分析[J]．植物营养与肥料学报，2008（05）：858-865.

[4] Mao Q，Lu X，Zhou K，et al. Effects of long-term nitrogen and phosphorus additions on soil acidification in an N-rich tropical forest[J]. Geoderma，2017，285：57-63.

[5] 隋秀奇，李洪妍．果园土壤酸化对果树的危害及改良措施 [J]．烟台果树，2011（01）：49.

[6] 邓秀新，彭抒昂．柑橘学 [M]．北京：中国农业出版社，2013.

[7] 李清华，王飞，何春梅，等．平和琯溪蜜柚施肥现状调查分析 [J]．南方农业学报，2016，47（12）：2059-2064.

图 1.2　中国农技协平和蜜柚科技小院揭牌仪式

（左起福建省农技协理事长吴瑞建、中国农技协理事长柯炳生、
中国农技协常务副理事长师铎、平和原县委书记郭德志共同为科技小院揭牌）

图 1.3　中国农技协平和蜜柚科技小院正式挂牌

图 1.6　专家老师指导科技小院学生工作（左）、国际镁营养研究所
常务副所长李春俭教授指导研究生开展试验（右）

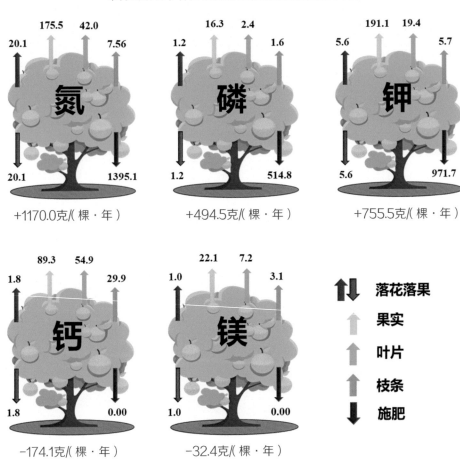

图 2.2　习惯施肥下蜜柚养分吸收及盈余平衡图

农户对照

示范区

夏梢明显少，
挂果量不减！

图 2.4　示范地航拍图

图 2.5　平和县蜜柚园缺镁照片

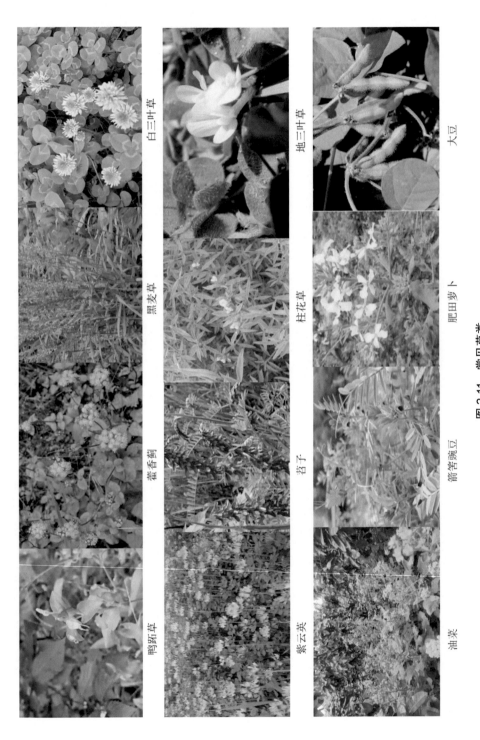

白三叶草　　黑麦草　　藿香蓟　　鸭跖草

地三叶草　　柱花草　　苕子　　紫云英

大豆　　肥田萝卜　　箭舌豌豆　　油菜

图 2.11　常见草类

图 2.7　蜜柚根系分布

图 2.12　树冠下多圈环绕布置滴灌试验

图 2.13　高挂微喷试验

图 2.15　基质限根栽培基地蜜柚幼树长势

图 2.17　林新民师傅与科技小院一起推广
蜜柚绿色提质增效技术

图 3.8　线下培训合影留念

图 3.9　田间观摩会

图 3.10　首届蜜柚节获奖农户颁奖环节

（左：福建省农技协理事长、中国农技协科技小院联盟副理事长吴瑞建为一等奖获得者颁奖，
右：全体专家、师生和获奖农户合影）

**图 3.11　张福锁院士总结讲话（左上）、汪世华教授总结讲话（右上）、
活动现场与合影留念（下）**

图 3.12　科技长廊